严格依据教育部、国家语言文字工作委员会
印发的《普通话水平测试实施纲要》编写

普通话水平测试
考前冲刺高分密卷

雷雪琴　贺素华　主编

北京理工大学出版社
BEIJING INSTITUTE OF TECHNOLOGY PRESS

图书在版编目（CIP）数据

普通话水平测试考前冲刺高分密卷 / 雷雪琴，贺素华主编.—北京：北京理工大学出版社，2020.3

ISBN 978-7-5682-7084-7

Ⅰ.①普… Ⅱ.①雷… ②贺… Ⅲ.①普通话－水平考试－习题集 Ⅳ.①H102-44

中国版本图书馆 CIP 数据核字（2019）第 103174 号

普通话水平测试·考前冲刺高分密卷

出版发行 / 北京理工大学出版社有限责任公司		
社　　址 / 北京市海淀区中关村南大街 5 号		
邮　　编 / 100081		
电　　话 / (010)68914775（总编室）		
(010)82562903（教材售后服务热线）		
(010)68944723（其他图书服务热线）		
网　　址 / http://www.bitpress.com.cn		
经　　销 / 全国各地新华书店		
印　　刷 / 廊坊市印艺阁数字科技有限公司		
开　　本 / 787 毫米×1092 毫米　1/16		
印　　张 / 7	责任编辑/李慧智	
字　　数 / 160 千字	文案编辑/李慧智	
版　　次 / 2020 年 3 月第 1 版　2020 年 3 月第 1 次印刷	责任校对/周瑞红	
定　　价 / 26.00 元	责任印制/施胜娟	

前　言

　　普通话水平测试是一项国家级考试,考查的是应试人运用普通话的规范程度,采用计算机辅助测试,应试人参加考试时朗读和说话的声音完全由计算机录存,录音即作为判定应试人普通话水平等级的依据。普通话水平测试试卷包含四道题,总分值 100 分,各题题型和测试的具体要求如下:

　　一、读单音节字词 。此题包含 100 个音节,占 10 分,限定应试人在 3.5 分钟之内朗读完毕。此题测查应试人声母、韵母、声调读音的标准程度。

　　二、读多音节词语。此题包含 100 个音节,占 20 分,限定应试人在 2.5 分钟之内朗读完毕。此题除了测查应试人的声母、韵母、声调的发音外,还测查应试人变调、轻声、儿化读音的标准程度。

　　三、朗读短文。此题包含 400 个音节,占 30 分,限定应试人在 4 分钟之内朗读完毕。此题测查应试人使用普通话朗读书面作品的水平。在测查声母、韵母、声调读音标准程度的同时,重点测查连读音变、停连、语调以及流畅程度。

　　四、命题说话。此题会给出两个话题,由应试人选定其一,并围绕选定的话题说话(类似口头作文),占 40 分,应试人必须说满 3 分钟。此题测查应试人在无文字凭借的情况下说普通话的水平,重点测查语音标准程度,词汇、语法规范程度和自然流畅程度。

　　值得说明的是,普通话水平测试前三题由计算机比对打分,最后一题由人工打分。

　　本试卷共计 60 套,每一套都是精心编制,目标是让考生能迅速掌握普通话水平考试的内容,准确把握命题规律。本试卷具有以下特点:

　　全真模考,身临考场

　　前 40 套试卷不仅内容严格按照标准试卷编制,包括标题及标题的朗读、每一题的容量,而且配备了专业导师录制的音频,让考生完全浸泡在测试的环境之中。

　　高频考点,专家指引

　　根据对历年普通话水平测试及试卷的深度分析和研究,把历年考试中高频出现的单音节字词、多音节词语、短文以及高频出现的命题说话题目都融入密卷中,全面覆盖测试内容,让考生的备考更有针对性。

　　契合大纲,考前押题

　　试卷的所有内容严格依据《普通话水平测试实施纲要》编制:第一题和第二题的内容来自《普通话水平测试用词语表》"表一""表二";第三题和第四题的内容来自《普通话水平测试用朗读作品》和《普通话水平测试用话题》,以纲为线,押题更有针对性。

　　这些试卷和音频不仅可以让读者身临其境地感受普通话水平测试的全过程,也可作为读者日常学习、练习的绝佳素材。读者可以通过扫描试卷右上方的二维码获取配套的音频,让练习更加简单快捷。试卷内容不但完整全面,而且对大多数参加普通话水平测试的人员担心的"命题说话"给出了范文,以此为读者示范,启发思路,从而为读者在应试之前做好充分的准备打下坚实的基础。

目　录

国家普通话水平测试

冲刺密卷一号卷

一、读单音节字词 (100个音节,共10分,限时3.5分钟)。请横向朗读!

老	腮	洽	恩	曹	刷	恒	踪	夏	拨
闽	建	娶	捉	肥	病	苦	扬	外	子
糠	嫌	略	耳	颇	陈	袜	体	爱	戳
蒋	贼	迅	鳖	日	举	叼	述	习	窦
枝	裙	眯	宾	瑟	仍	苑	推	皱	感
咂	手	汪	寡	浓	羽	雄	劝	丰	幻
滕	益	怀	广	烦	若	掌	鹿	曰	磁
积	篾	隋	关	嘱	耐	麻	诵	惹	挥
领	瓢	久	兰	靠	团	窖	谜	滚	方
盆	妙	屯	丢	偿	宴	嘴	栓	宝	捏

二、读多音节词语 (100个音节,共20分,限时2.5分钟)。请横向朗读!

电压	火候	争论	拥有	难怪	被窝儿	维持
跨度	谬误	贫穷	资格	媒人	规律	钢铁
情况	客气	军阀	名称	教师	缺少	从而
好歹	乡村	佛寺	合作社	新娘	上层	跳高儿
更改	撇开	选拔	地质	小瓮儿	云端	头脑
决定性	温柔	诊所	疲倦	水灾	蒜瓣儿	昂然
状态	处理	临终	专家	凉快	潜移默化	

三、朗读短文 (400个音节,共30分,限时4分钟)

　　读小学的时候,我的外祖母去世了。外祖母生前最疼爱我,我无法排除自己的忧伤,每天在学校的操场上一圈儿又一圈儿地跑着,跑得累倒在地上,扑在草坪上痛哭。

　　那哀痛的日子,断断续续地持续了很久,爸爸妈妈也不知道如何安慰我。他们知道与其骗我说外祖母睡着了,还不如对我说实话:外祖母永远不会回来了。

　　"什么是永远不会回来呢?"我问着。

　　"所有时间里的事物,都永远不会回来。你的昨天过去,它就永远变成昨天,你不能再回到昨天。爸爸以前也和你一样小,现在也不能回到你这么小的童年了;有一天你会长大,你会像外祖母一样老;有一天你度过了你的时间,就永远不会回来了。"爸爸说。

爸爸等于给我一个谜语,这谜语比课本上的"日历挂在墙壁,一天撕去一页,使我心里着急"和"一寸光阴一寸金,寸金难买寸光阴"还让我感到可怕;也比作文本上的"光阴似箭,日月如梭"更让我觉得有一种说不出的滋味。

时间过得那么飞快,使我的小心眼儿里不只是着急,还有悲伤。有一天我放学回家,看到太阳快落山了,就下决心说:"我要比太阳更快地回家。"我狂奔回去,站在庭院前喘气的时候,看到太阳//还露着半边脸,我高兴地跳跃起来,那一天我跑赢了太阳。

——节选自(中国台湾)林清玄《和时间赛跑》

四、命题说话(请在下列话题中任选一个,共40分,限时3分钟)

1. 学习普通话的体会

2. 我知道的风俗

注:此测试项要求应试人做到口语化表达、避免书面化;本书中给出的范文仅可作为启发思路的素材,切不可照搬照抄!

我选择的说话题目是《学习普通话的体会》。随着社会的进步,交流的不断广泛,学说普通话已被越来越多的人所重视。为了提高自己的普通话水平,近期我参加了普通话的培训班,通过学习,我感受深刻。

首先,我认识到由于小时候是在农村长大的,没有说普通话的语言环境,老师们的普通话发音也不标准,在学校里和同学不说普通话,放学回家和家人不说普通话,使我从小没有养成说普通话的习惯。从小学到高中都是说方言。

其次,在上师范大学的时候,我意识到了学说普通话的重要性,但我只是在表面上进行了改变,至于平舌音和翘舌音、前鼻音和后鼻音基本不当回事。后来由于电脑和手机的普及,我意识到了问题的严重性:我打字多是用拼音,普通话掌握得不好,有些字词的拼音不能完整地打出来,所以经常会打错字。于是,我参加了普通话的考试。可能是准备不充分的原因吧,连续三次考试都没有取得理想的成绩。为了学好普通话,我参加了普通话的强化班。通过学习,我纠正了许多不到位的发音,说话的流畅性比以前有了明显的进步。我想,在以后的工作中,我只要坚持说普通话,我的普通话一定能得到提高。

经过这么长时间的学习,对于学好普通话,我觉得有这么几条要领:第一,学好拼音字母,掌握发音部位,这是基础。对于个别的发音要反复练习,直到完全发音准确。第二,多读些拼音报上的文章,锻炼说普通话的感觉,或者看到一个字后,就暗暗地想其标准音,同时要注意普通话与方言音的对应关系,努力做到举一反三、触类旁通。第三,对于不懂的音和字就要去查。字典是我们很好的老师,只要是有不懂的,一定要虚心请教,直到完全正确为止。尤其要注意一些字的多音、多义。第四,我个人的经验,也是最傻、但是比较有效的方法,就是读词典。翻开《现代汉语词典》,一字一字、一词一词、一句一句、一页一页地朗读,我觉得这样很有效。第五,坚持用普通话进行日常交流。有人说:语言取决于环境。在一个大家都说普通话的环境中,耳濡目染,即使有浓重方音,你也会逐渐地克服掉。

冲刺密卷二号卷

一、读单音节字词（100个音节，共10分，限时3.5分钟）。请横向朗读！

蛇	洼	构	产	败	抿	耗	隔	软	无
册	痴	月	旁	乖	内	癣	恰	袄	香
抖	腊	许	陪	脚	题	翁	鼻	跨	诀
态	栓	气	茧	方	痕	捅	之	臀	江
砸	狱	霞	腮	自	窘	嫩	镭	反	梭
彩	珠	炒	窝	耍	坑	拟	遍	群	孔
疗	椎	堵	霖	捐	死	槐	墓	搓	扭
疮	儿	蔫	用	偶	冰	婆	邓	允	怯
捧	刘	铁	挥	吮	鸣	罪	逢	对	公
让	貂	磬	然	装	虫	摸	靠	蚕	面

二、读多音节词语（100个音节，共20分，限时2.5分钟）。请横向朗读！

参与	花生	云彩	教训	非常	主人翁	狂笑
千瓦	佛寺	宣布	完全	汗水	虐待	农村
编织	夸耀	挨个儿	荒谬	增多	发现	里头
窘迫	支持	柔和	骨髓	快活	规律	能量
加油儿	例如	聪明	大量	罪恶	转眼	必然性
著作	没准儿	脑筋	存储	收缩	配套	率领
包子	儿童	镇压	顶点	技能	崇尚	茶馆儿

三、朗读短文（400个音节，共30分，限时4分钟）

　　三百多年前，建筑设计师莱伊恩受命设计了英国温泽市政府大厅。他运用工程力学的知识，依据自己多年的实践，巧妙地设计了只用一根柱子支撑的大厅天花板。一年以后，市政府权威人士进行工程验收时，却说只用一根柱子支撑天花板太危险，要求莱伊恩再多加几根柱子。

　　莱伊恩自信只要一根坚固的柱子足以保证大厅安全，他的"固执"惹恼了市政官员，险些被送上法庭。他非常苦恼，坚持自己原先的主张吧，市政官员肯定会另找人修改设计；不坚持吧，又有悖自己为人的准则。矛盾了很长一段时间，莱伊恩终于想出了一条妙计，他在大厅里增加了四根柱子，不过这些柱子并未与天花板接触，只不过是装装样子。

　　三百多年过去了，这个秘密始终没有被人发现。直到前两年，市政府准备修缮大厅的天花板，才发现莱伊恩当年的"弄虚作假"。消息传出后，世界各国的建筑专家和游客云集，当地政府对此也不加掩饰，在新世纪到来之际，特意将大厅作为一个旅游景点对外开放，旨在引导人们崇尚和相信科学。

作为一名建筑师,莱伊恩并不是最出色的。但作为一个人,他无疑非常伟大,这种//伟大表现在他始终恪守着自己的原则,给高贵的心灵一个美丽的住所,哪怕是遭遇到最大的阻力,也要想办法抵达胜利。

——节选自游宇明《坚守你的高贵》

四、命题说话(请在下列话题中任选一个,共40分,限时3分钟)

1. 我的学习生活

2. 谈谈社会公德(或职业道德)

我选择的说话题目是《谈谈社会公德》。社会公德是人们在长期的社会公共生活中逐渐积累起来的,是社会公共生活所必需的、最简单、最起码的道德准则。它一般指影响着社会公共生活的行为规范,例如遵守公共秩序、爱护公物、保护环境、讲文明懂礼貌等。

每个人都应当遵守社会公德。就拿乘坐公交车这个日常生活中最普通的事来说,它在很多方面都体现了社会公德的重要性。首先上车要排队。现在好多人都不排队,不知道是为了早上车能抢占到座位还是担心上不了车,总是挤在公交车的门口。其次,要主动让座。因为现在主动让座的、富有爱心的人越来越少,所以公交车上专门为老弱病残孕设置了爱心座位,车内的广播系统中也有"请主动为老弱病残孕和抱小孩的乘客让座"的语音提示,可是有些人霸占着爱心座位不让座,头还朝向窗外,就当没看到有老人或是孕妇,也没听到车里的广播提示。第三,要讲究车内卫生,不在车内吸烟、吐痰,不乱扔瓜皮果壳。经常会看到有男士在车内吸烟,然后被司机劝阻了,还不服气。另外,在车内吐痰、嗑瓜子也是常见的,甚至偶尔还会看到有的父母抱着小孩在车上小便的。此外,为了遮挡夏日的太阳,也为了给乘客提供更好的乘车环境,公交公司为每辆车的车窗都安了窗帘。可是一个夏季还没有过完,那些窗帘不是脏了、破了,就是掉下来了,残破不堪。这些没有社会公德的行为给他人造成了很多的不便,同时也影响了社会的风气。

社会上不遵守社会公德的现象还有很多很多。现在的私家车越来越多,然而不遵守公共道德的现象也不断发生:行驶中的车变道不打转向灯,从车窗向外抛物,占用非机动车车道行驶或者停车,闯红灯超速驾驶,等等。这些行为极容易造成交通事故,甚至会对他人的生命造成威胁。在学校食堂、饭店,我们经常能看到饭桌上剩下很多饭菜,让人看了心痛叹息。这样的行为是缺少社会公德的行为,有这些行为的人他们不懂得珍惜粮食,不懂得尊重农民、厨师的劳动成果。曾经就有媒体报道一个大学的食堂里,学生们吃剩下很多的馒头和菜,打扫卫生的阿姨们看到了舍不得丢掉,她们就吃学生们剩下的。当记者疑惑地采访阿姨们的时候,阿姨们朴实的话语让我们深深地陷入思考:"现在我们也不是没有饭吃,但是看到这些剩下的饭菜,我们心里就很难受。我们过过没有饭吃,甚至能把人饿死的日子,看到这么好的饭菜我们打心眼里舍不得丢。"我们是不是该反思反思呢?这样让人厌恶的行为不该发生在21世纪的大学生身上。

这些不遵守公共道德的人,没有最起码的尊重他人的道德品格,是很坏的个人主义者。这些不良的行为需要全社会给予批评。只有人人遵守社会公德,我们的生活才会更美好,我们的社会才会更和谐。

冲刺密卷三号卷

一、读单音节字词(100个音节,共10分,限时3.5分钟)。请横向朗读!

粗	昂	栽	远	摧	彼	鳞	汞	灼	睁
嘴	墙	软	框	沉	辣	寒	法	怪	纱
馆	日	而	酱	缫	库	堆	绢	普	迈
吃	话	停	月	许	铜	讽	燃	桑	条
炯	朦	咒	稳	釉	梵	艘	让	兵	螺
钾	涡	耍	客	乃	掂	楼	字	兜	仗
雅	胸	米	瞪	蕊	趋	扯	休	找	伴
陶	双	醇	跟	特	瓜	群	摔	砍	害
吴	遣	末	您	怯	北	居	型	裂	诀
纳	巡	短	磁	匹	脓	颇	傲	黑	彭

二、读多音节词语(100个音节,共20分,限时2.5分钟)。请横向朗读!

贵宾	奶粉	刀背儿	一律	状况	爆炸	存款
盎然	选举	柴火	加入	封锁	咏叹调	放松
热闹	佛像	逃走	亏损	军事	影子	权利
玩耍	怀念	铺盖	奇怪	层次	小偷儿	将来
主人翁	进化	聪明	运行	无穷	偶尔	扇面儿
政治	传播	培育	恰当	牛皮	咖啡	所属
唱歌儿	词汇	禁区	综合	战略	轻描淡写	

三、朗读短文(400个音节,共30分,限时4分钟)

纽约的冬天常有大风雪,扑面的雪花不但令人难以睁开眼睛,甚至呼吸都会吸入冰冷的雪花。有时前一天晚上还是一片晴朗,第二天拉开窗帘,却已经积雪盈尺,连门都推不开了。

遇到这样的情况,公司、商店常会停止上班,学校也通过广播,宣布停课。但令人不解的是,唯有公立小学,仍然开放。只见黄色的校车,艰难地在路边接孩子,老师则一大早就口中喷着热气,铲去车子前后的积雪,小心翼翼地开车去学校。

据统计,十年来纽约的公立小学只因为超级暴风雪停过七次课。这是多么令人惊讶的事。犯得着在大人都无须上班的时候让孩子去学校吗?小学的老师也太倒霉了吧?于是,每逢大雪而小学不停课时,都有家长打电话去骂。妙的是,每个打电话的人,反应全一样——先是怒气冲冲地责问,然后满口道歉,最后笑容满面地挂上电话。原因是,学校告诉家长:在纽约有许多百万富翁,但也有不少贫困的家庭。后者白天开不起暖气,供不起午餐,孩子的营养全靠学校里免费的中饭,甚至可以多拿些回家当晚餐。学校停课一天,穷孩子就受一天冻,挨一天饿,所以老师们宁愿自己苦一点儿,也不能停//课。

或许有家长会说:何不让富裕的孩子在家里,让贫穷的孩子去学校享受暖气和营养午餐呢?

学校的答复是:我们不愿让那些穷苦的孩子感到他们是在接受救济,因为施舍的最高原则是保持受施者的尊严。

——节选自(中国台湾)刘墉《课不能停》

四、命题说话(请在下列话题中任选一个,共40分,限时3分钟)

1. 谈谈科技发展与社会生活

2. 我喜爱的书刊

我选择的说话题目是《我喜爱的书刊》。一本好书就像一瓶陈年老酒,越是品味就越是香醇。我喜欢的书是《三国演义》。

《三国演义》这本书出现在元末明初,是我国最早的一部长篇历史小说,它的思想成就与艺术价值都是很高的,特别是作为历史小说,达到像《三国演义》这样既高度地忠实于历史真实,又具有很高的艺术性的作品,在世界文学史上也是不多见的。当我国出现了像《三国演义》这样结构完整严谨、人物形象鲜明生动的辉煌巨著的时代,世界上还没有严格意义上的长篇小说。《三国演义》是四大名著中我最喜欢的。在我国文学史上,很少有哪一部作品能够像《三国演义》那样长时期地吸引着如此众多的读者,几百年来它一直为我们所珍爱,它对我们民族的精神文化生活产生了广泛而深远的影响,对于促进我们民族性格的形成,推动民族精神的高扬,都起着不容忽视的巨大作用。

《三国演义》里面的故事情节生动曲折,人物形象栩栩如生。说起《三国演义》,大家便会很自然地想起胸怀大志、仁义之至的刘备;想到智谋超群、神机妙算,为蜀汉大业鞠躬尽瘁的诸葛亮;想到英武非凡、忠心耿耿、义重如山的汉寿亭侯关羽;想起艺高勇猛、正气凛然、坚不可摧的莽张飞;想起老奸巨猾、假仁假义、居心不良的曹操……从刘备三顾茅庐,我看到了刘备对诸葛亮的敬仰,为了人才而礼贤下士。正是因为刘备屈尊三顾、寻访卧龙,孔明感其恩,才隆中献策,纵谈天下。两人自始至终都肝胆相照,心神无二。刘备三顾,赢得了诸葛亮的感恩之心,所以无论后主刘禅如何昏庸,诸葛亮都"鞠躬尽瘁,死而后已"。

孔明的三气周瑜,我看到了许多遍。周瑜大费兵马,而孔明却不费一兵一马,坐收渔翁之利,荆州、襄阳、南郡都归于刘备了,正是"几郡城池无我份,一场辛苦为谁忙";再后来,周瑜用美人计,但孔明仍让刘备安然回城还抱得美人归,正是"周郎妙计安天下,赔了夫人又折兵"。不仅如此,在后来的"假途灭虢"之计也被孔明识破了,正是"一着棋高难对敌,几番算定总成空"。孔明就是智谋第一,不愧司马徽形容为"兴周八百年之姜子牙,旺汉四百年之张子房",不然吴国多次派使臣都要不回荆州呢。周瑜的死告诫人们,成功人生首要一条是修身养性,远离嫉妒等恶劣心理,学会及时息怒,严于律己,心胸坦荡,心情愉快非常重要!

我喜欢刘关张的桃园三结义,敬重他们遵守诺言,兄弟绝无二心;我喜欢关羽的忠心耿耿,我看到了他的深厚情谊,看到了他的勇武;我喜欢刘备的三顾茅庐,我看到了敬仰和坚持,换来孔明的一生追随;我喜欢诸葛亮的火烧新野,我看到了他的智慧;我喜欢赵子龙的长坂单骑救主,我看到了他英勇无畏的精神和惊人的胆量。

冲刺密卷四号卷

一、读单音节字词（100个音节，共10分，限时3.5分钟）。请横向朗读！

电	远	日	韦	仄	尖	黄	塌	眉	艘
临	赚	池	憎	饶	促	丝	国	伞	床
觅	丢	裙	區	庞	恩	俘	拢	醉	劳
肉	萌	倦	准	内	熏	仰	抬	袜	您
黯	虫	篾	朽	槽	并	枪	蠢	羹	不
激	牌	瓜	粤	而	梳	你	块	雄	另
巴	让	条	攥	硫	鸟	瘸	磕	统	驱
我	跤	苟	章	景	瞎	海	搭	女	饭
许	黑	抵	摹	炒	跌	蕊	神	哑	签
甩	蹿	坠	恐	破	磁	圣	法	授	炯

二、读多音节词语（100个音节，共20分，限时2.5分钟）。请横向朗读！

教训	柔软	思维	语文	接洽	赶趟儿	美好
谋略	因而	表演	谬论	写法	大娘	妇女
拳头	财政	奥秘	火锅儿	红色	同情	上升
抓阄儿	逃窜	和平	飞快	傻子	赛场	割让
衰落	折磨	避雷针	队伍	质量	增产	调令
旷工	穷尽	多寡	片面	佛学	夏天	部分
参议院	看待	创造	包围	怀念	记事儿	胸脯

三、朗读短文（400个音节，共30分，限时4分钟）

　　我打猎归来，沿着花园的林荫路走着。狗跑在我前边。

　　突然，狗放慢脚步，蹑足潜行，好像嗅到了前边有什么野物。

　　我顺着林荫路望去，看见了一只嘴边还带黄色、头上生着柔毛的小麻雀。风猛烈地吹打着林荫路上的白桦树，麻雀从巢里跌落下来，呆呆地伏在地上，孤立无援地张开两只羽毛还未丰满的小翅膀。

　　我的狗慢慢向它靠近。忽然，从附近一棵树上飞下一只黑胸脯的老麻雀，像一颗石子似的落到狗的跟前。老麻雀全身倒竖着羽毛，惊恐万状，发出绝望、凄惨的叫声，接着向露出牙齿、大张着的狗嘴扑去。老麻雀是猛扑下来救护幼雀的。它用身体掩护着自己的幼儿……但它整个小小的身体因恐怖而战栗着，它小小的声音也变得粗暴嘶哑，它在牺牲自己！

　　在它看来，狗该是多么庞大的怪物啊！然而，它还是不能站在自己高高的、安全的树枝上……一种比它的理智更强烈的力量，使它从那儿扑下身来。

我的狗站住了,向后退了退……看来,它也感到了这种力量。

我赶紧唤住惊慌失措的狗,然后我怀着崇敬的心情,走开了。

是啊,请不要见笑。我崇敬那只小小的、英勇的鸟儿,我崇敬它那种爱的冲动和力量。

爱,我∥想,比死和死的恐惧更强大。只有依靠它,依靠这种爱,生命才能维持下去,发展下去。

——节选自[俄]屠格涅夫《麻雀》,巴金译

四、命题说话(请在下列话题中任选一个,共 40 分,限时 3 分钟)

1. 我喜欢的节日

2. 我尊敬的人

我选择的说话题目是《我喜欢的节日》。我喜欢的节日有很多,比如:端午节、春节、中秋节等,但我是一个童心未泯的人,我最喜欢的节日还是圣诞节。

圣诞节又叫作耶诞节,从宗教上说叫作"基督弥撒",是西方传统的节日。每年 12 月 25 日的圣诞节本是宗教节日,19 世纪圣诞卡的流行、圣诞老人的出现,使得圣诞节开始渐渐流行起来。圣诞庆祝习俗在北欧流行后,圣诞装饰也出现了,后来整个欧洲、美洲开始过起了圣诞节,并衍生出了相应的圣诞文化。

圣诞聚会是圣诞节必不可少的节目,有家庭式的、朋友式的、情人式的各种各样的聚会,是一种友情、亲情、爱情聚会的好时光。大家戴着圣诞帽,唱着圣诞歌,说着自己的圣诞愿望。

圣诞节作为一个隆重庆祝的节日,不能少了美味好吃的食品。圣诞节火鸡大餐就是主菜了,以前的人们或许会用微波炉自己做,现在的好多人过节就是在外面餐馆里用餐,商家们也会利用机会赚顾客们的钱,当然还有许多圣诞节食品比如姜饼、糖果等。

圣诞帽是一项红色帽子,据说晚上戴上睡觉除了睡得安稳暖和外,第二天你还会发现在帽子里多了心爱的人送的礼物。在狂欢夜它更是全场的主角,无论你走到哪个角落,都会看到各式各样的红帽子,有的帽尖雪白,有的金光闪闪。

圣诞袜最早的时候是一对红色的大袜子,因为圣诞袜是用来装礼物的,是小朋友最喜欢的。晚上他们会将自己的袜子挂在床边,等待第二天早上收礼。要是有人圣诞节送小汽车,那怎么办?那最好叫他写张支票放进袜子里。

圣诞卡是祝贺圣诞和新年的贺卡,上面印着关于耶稣降生故事的图画,以及庆祝圣诞、新年快乐之类的祝愿语。

报佳音是在圣诞夜 12 月 24 日晚上至 25 日早晨。教会组织一些圣诗班(或由信徒自发地组成)挨门挨户地在门口或窗下唱圣诞颂歌,叫作"报佳音",意思是再现当年天使向伯利恒郊外的牧羊人报告耶稣降生的喜讯。"报佳音"的人被称为圣诞使者,这项活动往往要进行到天亮,人数越来越多,歌声越来越大,大街小巷尽是歌声。

圣诞节的时候,人们把大街小巷打扮得漂漂亮亮,圣诞老人的大图贴在窗户上,圣诞树上挂满了铃铛、雪花、小礼物,满街飘荡着圣诞快乐的歌声,人们的脸上露出了灿烂的笑容。圣诞节是一个充满欢乐的节日。

冲刺密卷五号卷

一、读单音节字词(100个音节,共10分,限时3.5分钟)。请横向朗读!

耳	持	痒	坯	广	迈	拴	瘫	朽	厘
举	踪	男	润	拿	粗	腺	驴	棵	猛
仓	齐	挺	勤	跃	瓢	审	颇	顶	烈
祥	托	林	倦	房	找	滑	巧	丈	博
保	匀	此	冀	迁	拜	竿	特	佐	嫁
珠	管	仍	押	苗	窖	黑	捡	雕	配
洒	鸣	忠	四	轨	瓮	恩	潮	暗	楼
钧	攥	坤	谎	税	永	扣	专	受	瞥
渡	戳	袜	牛	歪	入	乖	测	挥	敌
返	蹦	抬	日	开	挡	痕	讽	毛	宣

二、读多音节词语(100个音节,共20分,限时2.5分钟)。请横向朗读!

荒谬	胸口	走访	迅速	手枪	垫底儿	国民
特征	招牌	小朋友	溶洞	考虑	春天	精确
内在	叫好儿	苍穹	婴儿	语言	富翁	审美
先生	海关	灭亡	快乐	如下	摧毁	人文
玻璃	钢铁	打扮	恩情	战略	难怪	豆芽儿
欢迎	定额	职能	将军	做活儿	冲刷	盘算
来宾	圆舞曲	挎包	疲倦	磁场	自以为是	

三、朗读短文(400个音节,共30分,限时4分钟)

　　其实你在很久以前并不喜欢牡丹,因为它总被人作为富贵膜拜。后来你目睹了一次牡丹的落花,你相信所有的人都会为之感动:一阵清风徐来,娇艳鲜嫩的盛期牡丹忽然整朵整朵地坠落,铺撒一地绚丽的花瓣。那花瓣落地时依然鲜艳夺目,如同一只奉上祭坛的大鸟脱落的羽毛,低吟着壮烈的悲歌离去。

　　牡丹没有花谢花败之时,要么烁于枝头,要么归于泥土,它跨越委顿和衰老,由青春而死亡,由美丽而消遁。它虽美却不吝惜生命,即使告别也要展示给人最后一次的惊心动魄。

　　所以在这阴冷的四月里,奇迹不会发生。任凭游人扫兴和诅咒,牡丹依然安之若素。它不苟且、不俯就、不妥协、不媚俗,甘愿自己冷落自己。它遵循自己的花期、自己的规律,它有权利为自己选择每年一度的盛大节日。它为什么不拒绝寒冷?

　　天南海北的看花人,依然络绎不绝地涌入洛阳城。人们不会因牡丹的拒绝而拒绝它的美。如果它再被贬谪十次,也许它就会繁衍出十个洛阳牡丹城。

于是你在无言的遗憾中感悟到,富贵与高贵只是一字之差。同人一样,花儿也是有灵性的,更有品位之高低。品位这东西为气为魂为 // 筋骨为神韵,只可意会。你叹服牡丹卓尔不群之姿,方知品位是多么容易被世人忽略或是漠视的美。

——节选自张抗抗《牡丹的拒绝》

四、命题说话(请在下列话题中任选一个,共40分,限时3分钟)

1. 我的愿望(或理想)

2. 我喜爱的职业

我选择的说话题目是《我喜爱的职业》。每个人都有自己喜欢的职业,有的人喜欢当警察,有的人喜欢当主持人,有的人喜欢经商,而对我来说,我喜欢的职业是当一名优秀的教师。

我喜欢教师这个职业的原因有很多:首先,是因为我觉得教师这个职业很崇高也很神圣。教师不仅教授学生知识,而且还教导学生们做人的道理:尊敬师长,孝敬父母,爱护集体,热爱劳动,诚实守信。教师是"人类灵魂的工程师",那就是说教师塑造人类的思想、建设人类的精神世界,是精神文明的设计者和创造者,是精神花园里的园丁。在陪伴学生的过程中,当看到孩子们的知识不断地在增长,提高了思考解决问题的能力,学会与人相处团结合作,懂得了付出与收获的道理……教师是学生们一点一滴进步的引领者和见证者,没有什么比亲历这些更能让人感到幸福的了。

"师者,所以传道、授业、解惑也。"教师的职责是传播人生道理,讲授专业知识,解除心中困惑。在这个过程中,教师把知识和智慧的火炬一代一代地传递下去,把知识、能力、精神,毫无保留地传授给学生,这种无私奉献的精神深深地打动了我。当我们偷懒或者不懂得珍惜学习机会的时候,教师教导我们"时间不等人""付出才有收获";当我们没有勇气面对困难和挫折的时候,教师告诉我们做人要像石头下顽强生长的小草,百折不挠;当我们因为失败而垂头丧气的时候,教师告诉我们要想成功就不能惧怕失败,要有不服输的斗志。为了学生的成长,教师们不辞辛劳,不计回报。"春蚕到死丝方尽,蜡炬成灰泪始干"就是对教师最贴切的描述。这就是当教师的伟大的魅力。

当教师能有许多的业余时间,可以做好多自己想做的事情,比如每年有寒假与暑假两个假期,我不仅可以利用这些时间来学习,回顾或总结,以便及时发现在知识和教学方法上的不足,还能安排外出实践学习,俗话说"读万卷书不如行千里路",只有自己丰富了,才能更好地教孩子们。

我喜欢阅读,当教师会有很多时间以书为伴,这也是我喜爱教师这个职业的很重要的原因。读书不仅能丰富自己的知识面,同时也很有利于教学,只有自己有足够的学识,才能更好地教育学生。

冲刺密卷六号卷

一、读单音节字词（100个音节，共10分，限时3.5分钟）。请横向朗读！

巴	阔	凝	尊	啼	紧	灵	针	饷	瞥
众	傻	而	采	涡	丞	开	爽	链	纷
艳	剖	猛	竖	忙	黑	炯	课	雨	习
门	子	拿	灶	约	颂	讽	徐	村	条
丑	肥	恰	阶	桃	瞪	群	惨	阁	氮
眨	雏	禀	逛	亩	禽	蛙	涩	歪	候
犬	日	雪	烁	宗	泥	锐	嗤	比	让
团	涌	话	婆	氨	肋	挤	痛	矮	膜
偏	饶	补	壮	坚	狼	攥	家	酿	臣
球	甩	僧	绺	吹	孕	宣	您	张	四

二、读多音节词语（100个音节，共20分，限时2.5分钟）。请横向朗读！

仍旧	花样儿	开会	下去	僧尼	明年	嘟囔
英雄	鬼子	钢铁	状况	舞女	佛经	窈窕
深海	抓获	逗乐儿	目录	涅槃	柔软	福气
差别	懊恼	平均	红外线	疲倦	侵略	职工
顺手	波长	骆驼	干脆	小瓮儿	专门	两边
决心	不快	惨死	盗贼	幼儿园	尊重	亏损
合群儿	吃饭	魅力	国家	拔弄	沙发	逃窜

三、朗读短文（400个音节，共30分，限时4分钟）

　　地球上是否真的存在"无底洞"？按说地球是圆的，由地壳、地幔和地核三层组成，真正的"无底洞"是不应存在的，我们所看到的各种山洞、裂口、裂缝，甚至火山口也都只是地壳浅部的一种现象。然而中国一些古籍却多次提到海外有个深奥莫测的无底洞。事实上地球上确实有这样一个"无底洞"。

　　它位于希腊亚各斯古城的海滨。由于濒临大海，大涨潮时，汹涌的海水便会排山倒海般地涌入洞中，形成一股湍湍的急流。据测，每天流入洞内的海水量达三万多吨。奇怪的是，如此大量的海水灌入洞中，却从来没有把洞灌满。曾有人怀疑，这个"无底洞"，会不会就像石灰岩地区的漏斗、竖井、落水洞一类的地形。然而从二十世纪三十年代以来，人们就做了多种努力企图寻找它的出口，却都是枉费心机。

　　为了揭开这个秘密，一九五八年美国地理学会派出一支考察队，他们把一种经久不变的带色染料溶解在海水中，观察染料是如何随着海水一起沉下去。接着又察看了附近海面以及岛上

的各条河、湖,满怀希望地寻找这种带颜色的水,结果令人失望。难道是海水量太大把有色水稀释得太淡,以致无法发现? //

至今谁也不知道为什么这里的海水会没完没了地"漏"下去,这个"无底洞"的出口又在哪里,每天大量的海水究竟都流到哪里去了?

——节选自罗伯特·罗威尔《神秘的"无底洞"》

四、命题说话(请在下列话题中任选一个,共40分,限时3分钟)

1. 我的朋友

2. 谈谈美食

我选择的说话题目是《我的朋友》。每个人的一生都有很多朋友,今天我要说的这两位,都是我最好的朋友,贾小蕾、杨艳秋。她们的年纪和我差不多大,我们认识很多年了,感情一直也都很好。

贾小蕾,也许是因为同龄的原因吧,再加上高中都是在同一个班级,有相似的朋友圈子,我跟她总有很多很多说不完的话,即使每天在一起,我们还是可以彻夜长谈,聊一些理想啊、生活啊之类的话题,然后再相互诉苦,相互取乐。当看到好东西的时候,我们都会想到彼此,把好的东西分享给对方。出游时,还会把适合的东西买下来送给对方。她知道我爱写毛笔字,有一次她去浙江旅游,还专门给我买了几支毛笔,当她把礼物给我的时候我很感动,也感觉很温暖。当然了,因为是很好的朋友,我也没客气就收下了。她对其他人也是很友善,也很有礼貌。别人有什么需要,她都会乐意去帮忙,在我们的朋友中她很受欢迎。

贾小蕾只比我大两个月,但是在很多事情上她像一个大姐姐。我们以前出去玩的时候,她都会提前做好准备,并且准备得很细致。有一次,我们约好去爬山,在我们出发前,她就帮我准备好了坐车的零钱、喝的水、吃的零食,就连防晒霜都提前准备好,当我看到准备好的这些东西的时候真的很佩服她。一大包的东西我抢过来背吧,她还会偷偷地拿回去自己提。有这么一个细心周到的好朋友在身边,我感觉非常幸福。我伤心难过的时候,第一个想到的人就是她,如果她不在我身边,我还会打电话给她。她总爱说我小孩子气,像姐姐一样爱护我,给我说道理,并且鼓励我。她给人的印象总是很坚强,似乎什么事也难不倒她。她脑筋特别灵活,反应也特别快。有时候,我觉得她就是活生生、会走会动的百科全书。

第二个好朋友就是杨艳秋了。她是一个很有想法、有上进心的女孩子。她敢想敢做敢当,总是喜欢尝试新鲜的东西。我们是高中同学,后来他们家搬到南方去了。我们虽然隔得很远,有时候一年都见不上一面,但是我们经常通电话。每次我有什么开心的事情,我都会告诉她,跟她分享。她也会把开心的事和知道的新鲜事告诉我,我们共同收获了快乐,也让我长了知识。当我遇到挫折的时候,她不会安慰我,反而会很严肃地跟我说:"这点小事算什么,抬起头,昂首挺胸,勇敢地往前走!"就是这样一个不会安慰人的她,让我变得成熟了。后来,不管遇到什么困难,我总是会想起她说过的话:一点点困难算什么呢!

我知道,朋友不光是形影不离、无话不谈,更重要的是能互相帮助,互相鼓励,共同进步。这两个朋友,都将会是我一生中最重要的人!

冲刺密卷七号卷

一、读单音节字词（100个音节，共10分，限时3.5分钟）。请横向朗读！

脑 卧 洒 捐 许 失 板 丛 寨 敝

闸 爽 叼 下 寰 闭 瞥 末 邻 粗

字 讲 熊 驻 苍 环 枪 澳 厅 二

团 踹 舔 遵 逃 追 锁 汤 裴 状

究 婶 招 某 君 贼 垦 白 眯 映

征 戏 颌 孙 硫 肿 拳 悔 您 反

冰 奎 禹 谬 果 言 氯 拐 棒 恩

测 逢 略 死 方 也 氪 仍 艘 绕

攻 瞭 阻 蹭 陈 破 淡 衣 巡 花

年 汝 瘫 汪 持 恐 酶 窖 完 对

二、读多音节词语（100个音节，共20分，限时2.5分钟）。请横向朗读！

费用 找茬儿 富翁 南北 佛学 而且 黑夜

挎包 疟疾 孙女 拼命 衰老 憎恨 碎步儿

从中 刚才 牛顿 小伙子 状态 疲倦 墨水儿

无穷 军营 下列 外界 专款 舷窗 拱手

思索 牵制 行走 概率 饭盒儿 全面 回头

马虎 价格 爱国 加以 染色体 未曾 矿产

谬论 确定 日夜 党章 瓜分 漂亮 引导

三、朗读短文（400个音节，共30分，限时4分钟）

　　育才小学校长陶行知在校园看到学生王友用泥块砸自己班上的同学，陶行知当即喝止了他，并令他放学后到校长室去。无疑，陶行知是要好好教育这个"顽皮"的学生。那么他是如何教育的呢？

　　放学后，陶行知来到校长室，王友已经等在门口准备挨训了。可一见面，陶行知却掏出一块糖果送给王友，并说："这是奖给你的，因为你按时来到这里，而我却迟到了。"王友惊疑地接过糖果。随后，陶行知又掏出一块糖果放到他手里，说："这第二块糖果也是奖给你的，因为当我不让你再打人时，你立即就住手了，这说明你很尊重我，我应该奖你。"王友更惊疑了，他眼睛睁得大大的。

　　陶行知又掏出第三块糖果塞到王友手里，说："我调查过了，你用泥块砸那些男生，是因为他们不守游戏规则，欺负女生；你砸他们，说明你很正直善良，且有批评不良行为的勇气，应该奖励你啊！"王友感动极了，他流着眼泪后悔地喊道："陶……陶校长你打我两下吧！我砸的不是坏人,而是自己的同学啊……"

陶行知满意地笑了,他随即掏出第四块糖果递给王友,说:"为你正确地认识错误,我再奖给你一块糖果,只可惜我只有这一块糖果了。我的糖果//没有了,我看我们的谈话也该结束了吧!"说完,就走出了校长室。

——节选自《教师博览·百期精华》中《陶行知的"四块糖果"》

四、命题说话(请在下列话题中任选一个,共40分,限时3分钟)

1. 童年的记忆
2. 谈谈科技发展与社会生活

我选择的说话题目是《谈谈科技发展与社会生活》。科技发展与社会生活向来就是一体化的,相辅相成的。一方面是科学技术的发展推动了整个人类社会的发展。从原始社会的刀耕火种到现在的信息社会,科技给了人类社会无比强大的推动力。另一方面,人类社会也给科技的发展提供了动力与环境。如果没有人类社会的存在和人类社会在其他方面的发展,科技也会无用武之地。另外,科技的发展越来越成为一个社会的标志、一种文明的象征,比如蒸汽机的出现标志着工业社会的到来,以蒸汽机为动力的蒸汽火车、蒸汽轮船等机器的发明,使得人类的生产有了跨越发展的可能;电的发现和电气产品的广泛应用,使得人类进入了革命性的电气时代。在这个时代里,电灯、电话、电报机的发明使用,工业化的电气产品的发明使用都使得人类的生产生活方式发生了有史以来前所未有的变化;计算机的广泛应用与互联网的诞生更是标志着人类步入了一个崭新的信息时代。

从此,人类的世界观、宇宙观、物质观都发生了颠覆性的变化。计算机在生产生活方面的应用,使得人类可以开展对更微观和更深奥的科学领域的探索研究。科技给整个社会带来了改变,带来了活力;同时,社会的发展也在无形中推进了科技的不断前行。两者相辅相成,只有这样,才能共同发展与前进。

但是科学发展又是一把双刃剑。科技的每一次突破都蕴含着新的发展的可能性,同时又蕴含着不断增长的危险性。社会的每一次发展都是伴随着科学技术的巨大变革。科技进步是社会发展的巨大动力,但往往这又会对人类的发展构成巨大威胁。科技进步为社会创造了前所未有的物质财富,但是这也给人类带来了前所未有的精神空虚。科学技术是现代工业文明的基石,人类正是因为运用不断发展的科学技术改造自然,创造并实现了今天的物质文明。但是,人与自然之间的关系紧张、全球生态环境恶化作为科技进步的伴生物,不断向人们提出警示:科学技术与社会进步之间又出现了一些矛盾。所以科学一方面是最强的推动社会发展的力量,另一方面它的破坏性也是很残酷的。

总之,人类正是在"知识就是力量"的口号鼓舞下从愚昧走向文明、走向现代。同样,人类也正是在科学万能论的迷梦中悄悄执行了自己精神的"安乐死"。

科技要发展,人类得生活。科学地发展,健康地生活,这必须成为我们接下来要研究的重大课题。

冲刺密卷八号卷

一、读单音节字词（100个音节，共10分，限时3.5分钟）。请横向朗读！

紧	泉	扰	恩	左	溶	坎	木	甩	徐
麦	焚	凑	腔	财	诸	蠢	面	所	成
千	誉	刷	体	羹	瘫	送	癣	棕	白
苍	拐	黄	搭	访	窝	鼠	娘	飘	丸
二	盆	抠	廖	推	月	泼	示	铡	扼
柳	个	袍	仗	邻	耗	虽	怎	逢	广
肩	妙	哑	丢	圣	船	笔	含	窖	循
热	他	喜	窗	窘	肘	位	凝	允	苏
日	垒	宅	猎	叮	末	此	钡	痰	捆
拥	季	碘	丝	恰	瓦	梢	拿	后	劫

二、读多音节词语（100个音节，共20分，限时2.5分钟）。请横向朗读！

损坏	昆虫	兴奋	恶劣	挂帅	针鼻儿	排斥
采取	利索	海拔	果实	电磁波	愿望	损耗
若干	加塞儿	浪费	苦衷	降低	夜晚	小熊儿
存留	上午	按钮	食品	新娘	逗乐儿	全面
包括	不用	培养	编纂	扎实	推测	吵嘴
均匀	收成	然而	满口	怪异	听话	大学生
发作	法人	钢铁	孩子	光荣	前仆后继	

三、朗读短文（400个音节，共30分，限时4分钟）

　　生活对于任何人都非易事，我们必须有坚韧不拔的精神。最要紧的，还是我们自己要有信心。我们必须相信，我们对每一件事情都具有天赋的才能，并且，无论付出任何代价，都要把这件事完成。当事情结束的时候，你要能问心无愧地说："我已经尽我所能了。"

　　有一年的春天，我因病被迫在家里休息数周。我注视着我的女儿们所养的蚕正在结茧，这使我很感兴趣。望着这些蚕执着地、勤奋地工作，我感到我和它们非常相似。像它们一样，我总是耐心地把自己的努力集中在一个目标上。我之所以如此，或许是因为有某种力量在鞭策着我——正如蚕被鞭策着去结茧一般。

　　近五十年来，我致力于科学研究，而研究，就是对真理的探讨。我有许多美好快乐的记忆。少女时期我在巴黎大学，孤独地过着求学的岁月；在后来献身科学的整个时期，我丈夫和我专心致志，像在梦幻中一般，坐在简陋的书房里艰辛地研究，后来我们就在那里发现了镭。

　　我永远追求安静的工作和简单的家庭生活。为了实现这个理想，我竭力保持宁静的环境，以免受人事的干扰和盛名的拖累。

我深信,在科学方面我们有对事业而不//是对财富的兴趣。我的唯一奢望是在一个自由国家中,以一个自由学者的身份从事研究工作。

我一直沉醉于世界的优美之中,我所热爱的科学也不断增加它崭新的远景。我认定科学本身就具有伟大的美。

——节选自[波兰]玛丽·居里《我的信念》,剑捷译

四、命题说话(请在下列话题中任选一个,共40分,限时3分钟)

1. 谈谈美食

2. 我向往的地方

我选择的说话题目是《谈谈美食》。随着生活水平的提高,人们对吃越来越讲究了。大家已经不再满足于吃饱,而是要吃好,于是对食物的色、香、味的追求提高了,食物称呼也随之改成了美食。美食,大家都喜欢,但是又有哪些才算得上是真正的美食呢?对于美食,不同的人见解不同,有人认为好吃的就是美食,偏僻小镇、街头巷尾奇特的小吃才是美食,还有人认为大酒店的大菜名菜才是美食。总之,众说纷纭。

我却认为美食究竟美还是不美,不能只看色、香、味,而是更应该注重其安全性和营养价值,同时要兼顾营养成分的全面与均衡。有人常吃路边的烧烤,认为这就是一种美食。可我不喜欢这种所谓的美食,因为我担心不卫生。网上说烧烤中含有亚硝酸盐、罂粟油之类的东西。亚硝酸盐在人体中易跟蛋白质中的胺类物质结合,形成强致癌物亚硝胺。亚硝胺在天然食物中含量极少,最易引起胃癌、食道癌和肝癌,也会引发鼻咽癌和膀胱癌。也有人把膨化食品作为美食,而我却从来不吃,因为膨化食品中含有危害健康的物质,通常含铅量比较高。铅不是人体所需要的元素,摄入哪怕一点点铅都会对我们的身体造成危害,比如注意力会降低、记忆力差、多动、容易冲动、爱发脾气等。

有的人就很爱吃大鱼大肉,还很爱喝酒,这些都是不利于健康的。经常大量地吃这些高蛋白、高脂肪的食物会造成高血压、高血脂、脂肪肝等疾病;经常大量饮酒不仅严重损害人体各种器官,还会引起各种疾病,比如慢性胃肠疾病、神经衰弱、智力减退、健忘、肝脂肪变性等。

我认为美食并不一定就是指外面的饭店或者大酒店里的饭菜。家里的饭菜也是美食,可能家常便饭并不能达到完美的色、香、味,但是可口的饭菜对家人是一份关爱,在家吃饭是一种良好的个人习惯。我对日常的饮食没有很高的要求,每一顿都做到有饭、有菜就可以了。我做馒头时里面会加上豆沙馅儿,外面再加上一个大红枣儿。我觉得这些就是美食,吃得放心。煮饭或熬粥时,会加入豌豆儿、燕麦、桂圆,还有粗粮、细粮交替着食用。这样一来,营养比较全面。我认为这也是一种美食。

总之,我觉得对美食的追求应该多注意安全性和营养价值,注意食用方法的科学合理,决不能舒服了嘴巴,却伤害了身体。

冲刺密卷九号卷

一、读单音节字词（100个音节，共10分，限时3.5分钟）。请横向朗读！

法	婚	特	胸	暖	门	黑	瞒	赖	帘
跳	旁	斟	表	安	准	厨	癣	佩	双
冗	握	凝	判	拐	臣	耍	编	柳	酱
口	浪	吃	统	颇	订	搔	扩	墙	酥
娶	摘	炯	室	比	洽	油	方	盆	擦
瘸	允	绝	赏	农	亏	槐	薪	迈	协
某	耕	竖	枣	注	谜	锯	凹	缘	歌
倪	撑	腿	犁	冰	罪	冯	润	德	蕊
拔	演	花	肉	蝶	奢	丸	吊	醇	宇
等	二	初	进	惨	巡	哑	王	此	赛

二、读多音节词语（100个音节，共20分，限时2.5分钟）。请横向朗读！

儿童	热爱	退守	学生	赶快	其次	毒品
屁股	照片儿	内容	专门	老婆	原则	存在
篡夺	恍惚	送信儿	宝贵	电压	围裙	富翁
神奇	烦恼	答案	飞机	帘子	偶然性	卑劣
苟且	平日	家伙	学者	外宾	冲刷	玻璃
三轮车	夸张	之前	小丑儿	选举	衡量	萌发
当局	调解	委员	邮戳儿	作用	命运	衰老

三、朗读短文（400个音节，共30分，限时4分钟）

  高兴，这是一种具体的被看得到摸得着的事物所唤起的情绪。它是心理的，更是生理的。它容易来也容易去，谁也不应该对它视而不见失之交臂，谁也不应该总是做那些使自己不高兴也使旁人不高兴的事。让我们说一件最容易做也最令人高兴的事吧，尊重你自己，也尊重别人，这是每一个人的权利，我还要说这是每一个人的义务。

  快乐，它是一种富有概括性的生存状态、工作状态。它几乎是先验的，它来自生命本身的活力，来自宇宙、地球和人间的吸引，它是世界的丰富、绚丽、阔大、悠久的体现。快乐还是一种力量，是埋在地下的根脉。消灭一个人的快乐比挖掘掉一棵大树的根要难得多。

  欢欣，这是一种青春的、诗意的情感。它来自面向着未来伸开双臂奔跑的冲力，它来自一种轻松而又神秘、朦胧而又隐秘的激动，它是激情即将到来的预兆，它又是大雨过后的比下雨还要美妙得多也久远得多的回味……

  喜悦，它是一种带有形而上色彩的修养和境界。与其说它是一种情绪，不如说它是一种智慧、一种超拔、一种悲天悯人的宽容和理解，一种饱经沧桑的充实和自信，一种光明的理性，一种坚定//的成熟，一种战胜了烦恼和庸俗的清明澄澈。它是一潭清水，它是一抹朝霞，它是无边的平原，它是沉默的地平线。多一点儿、再多一点儿喜悦吧，它是翅膀，也是归巢。它是一杯美酒，也是一朵永远开不败的莲花。

——节选自王蒙《喜悦》

四、命题说话（请在下列话题中任选一个，共 40 分，限时 3 分钟）

1. 谈谈服饰

2. 我和体育

我选择的说话题目是《谈谈服饰》。服饰，顾名思义就是指穿着和装饰。服饰是一个人的外在门面。俗话说"人靠衣装，佛靠金装"，说的就是这个道理。

而现在社会出现了这样一些现象：一种是一味地追求服装上的名牌，穿衣不再是为了御寒保暖，而是为了追逐物质上的享受，甚至是攀比的不良风气，这样就导致浮华的社会风气，浪费钱财；另一种是崇尚个性，怎么穿独特就怎么穿。有的女士一味地在穿着上追求性感，穿一些奇装异服，甚至裸露在外的身体越来越多，真是有伤风雅。还有些人在服饰上只追求好看、有个性而忽视了健康，比如女士穿的紧身衣、束身裤、跟儿很高的高跟鞋，甚至冬天为了追求好看而穿很少的衣服等，这些都对身体健康有很大的伤害。

首先我想说的是，这些现象都不是好现象。或许这是人们价值观的转变，但我认为是不正确的。对于服饰，自己要穿得舒服得体，端庄大方，充分发挥穿衣的功效，不能只追求流行、前卫、个性。

其次，对于服饰，不要看它的价码有多高，而要看它是否符合你的年龄、你的风格。每个人都会经历童年、少年、青年、中年、老年等不同的年龄阶段。当你是个小孩子时，就要穿童装，尽显小孩子的活泼可爱；再长大一些了，上学了，就要穿学生装，要有学生的样子，显示出蓬勃的朝气。记得我上小学的时候，总是扎着一个高高的马尾辫子，戴着红领巾，背着书包上学去。等人到中年，对服饰的要求就更高了，服饰不仅是要得体，而且还要符合你的社会身份、出席场合等。当进入老年期时，在服饰的选择搭配上，我想舒服应该是最重要的吧。

再次，服饰要符合你的身份。你是一个学生，就要有学生的样子，着装要整洁大方；你如果是一名老师，就要为人师表，穿着朴实整洁，不能浮华浅薄；你是一名业务员，如果去商谈业务你就必须穿得西装革履，为的是给对方留下一个职业的印象。穿着得体并且符合身份，能让他人赏心悦目，很快地接受自己，或者让自己很快地融合在一个集体里。同时，一个人的穿衣打扮也是对他人的尊重。

上述内容就是我对服饰的一些看法，总的来说，服饰要得体、舒服，适合自己的身份、年龄、场合……只有在服饰上注意了以上几点，才能更好地融入社会，更好地生存发展，闯出自己的一片天！

冲刺密卷十号卷

一、读单音节字词（100个音节，共10分，限时3.5分钟）。请横向朗读！

蹦	耍	德	扰	直	返	凝	秋	淡	丝
炯	粗	袄	瓮	癣	儿	履	告	筒	猫
囊	驯	辱	碟	栓	来	顶	墩	忙	哀
霎	果	憋	捺	装	群	精	唇	亮	馆
符	肉	梯	船	溺	北	剖	民	邀	旷
暖	快	酒	除	缺	杂	搜	税	脾	锋
日	贼	孔	哲	许	尘	谓	忍	填	颇
残	涧	穷	歪	雅	捉	凑	怎	虾	冷
躬	莫	虽	绢	挖	伙	聘	英	条	笨
敛	墙	岳	黑	巨	访	自	毁	郑	浑

二、读多音节词语（100个音节，共20分，限时2.5分钟）。请横向朗读！

暗中	航空	名牌儿	沙滩	作战	兄弟	全身
未曾	指南针	完美	恰当	期间	均匀	博士
相似	挫折	台子	喷洒	提高	今年	小瓮儿
热闹	黄鼠狼	安稳	解剖	定额	扭转	参考
挎包	规律	拼凑	叫好儿	缺点	遵守	繁多
低洼	大伙儿	机构	婴儿	勘探	冷水	繁荣
眼睛	广场	综合	费用	天下	出其不意	

三、朗读短文（400个音节，共30分，限时4分钟）

　　我们的船渐渐地逼近榕树了。我有机会看清它的真面目：是一棵大树，有数不清的丫枝，枝上又生根，有许多根一直垂到地上，伸进泥土里。一部分树枝垂到水面，从远处看，就像一棵大树斜躺在水面上一样。

　　现在正是枝繁叶茂的时节。这棵榕树好像在把它的全部生命力展示给我们看。那么多的绿叶，一簇堆在另一簇的上面，不留一点儿缝隙。翠绿的颜色明亮地在我们的眼前闪耀，似乎每一片树叶上都有一个新的生命在颤动，这美丽的南国的树！

　　船在树下泊了片刻，岸上很湿，我们没有上去。朋友说这里是"鸟的天堂"，有许多鸟在这棵树上做窝，农民不许人去捉它们。我仿佛听见几只鸟扑翅的声音，但是等到我的眼睛注意地看那里时，我却看不见一只鸟的影子，只有无数的树根立在地上，像许多根木桩。地是湿的，大概涨潮时河水常常冲上岸去。"鸟的天堂"里没有一只鸟，我这样想到。船开了，一个朋友拨着船，缓缓地流到河中间去。

第二天,我们划着船到一个朋友的家乡去,就是那个有山有塔的地方。从学校出发,我们又经过那"鸟的天堂"。

这一次是在早晨,阳光照在水面上,也照在树梢上。一切都//显得非常光明。我们的船也在树下泊了片刻。

起初四周围非常清静。后来忽然起了一声鸟叫。我们把手一拍,便看见一只大鸟飞了起来,接着又看见第二只,第三只。我们继续拍掌,很快地这个树林就变得很热闹了。到处都是鸟声,到处都是鸟影。大的,小的,花的,黑的,有的站在枝上叫,有的飞起来,在扑翅膀。

——节选自巴金《小鸟的天堂》

四、命题说话(请在下列话题中任选一个,共40分,限时3分钟)

1. 学习普通话的体会

2. 我尊敬的人

我选择的说话题目是《我尊敬的人》。我最尊敬的人是我的班主任陈老师。她长得很漂亮,圆圆的脸上有一双炯炯有神的大眼睛,小小的嘴巴下有一颗"美人痣",看起来很有精神的样子。陈老师长得瘦瘦高高的,身材像"模特"一样好。她说起话来轻言细语的,对我们特别温柔。

记得那是三年级的时候,陈老师第一次来到我们班上,她笑眯眯地自我介绍说:"同学们好,我姓陈,是你们的新班主任。彭老师年轻漂亮,性格活泼一些,被调去教低年级的小朋友了。你们现在上三年级了,又长大了一岁,从今天起,就由我来担任你们的新班主任兼语文老师。"这精彩的开场白,给我留下了深刻的印象。从那一刻起,我就觉得陈老师特别有亲和力。

接下来的日子里,每天跟陈老师朝夕相处,我越来越发现她身上有很多令人敬佩的地方。陈老师经常告诉我们要做最好的自己。她是这样说的,也正是这样做的。她的语文课讲得生动极了,同学们都爱听。她上课时,请同学朗诵、提问、板书、投影、穿插小故事等,安排得井井有条,环环相扣,时常让我感觉到一节课怎么一眨眼工夫就过去了。自从陈老师担任我们新班主任后,同学们的语文成绩有了很大的提高,这可都是陈老师的功劳啊!

陈老师不仅课讲得好,而且工作非常认真负责,有时候她就像"妈妈"一样关心我们。每到课间,你只要来到我们班上,总会看到她的身影。有时候,她来看我们做课间操、眼保健操;有时候,她来班上批改作业;有时候,她来看看有没有"淘气包"在疯闹。一天天过去了,陈老师一如既往地关心着我们,爱护着我们。陈老师还有一个特点,那就是非常"大方"。在我家的抽屉里,有很多笔记本、水性笔、笔袋等,那些都是陈老师发的奖品,我可喜欢了!每当班上有同学表现得好,或是什么比赛得了奖等,陈老师都会给这些同学送上一份奖品,激励同学们取得更大进步。可是在我的印象里,我们从没有交过班费,那些奖品都是她自己掏钱买的。我心里暗暗地想:长大以后,一定要回武汉小学看望陈老师,还要给她带上礼物。

我们的陈老师还是个名人呢!"武汉市魅力教师""功勋班主任""湖北省劳模",这些荣誉她都得过。在我们学校一进门的一幅巨大的海报中,陈老师的照片放在所有老师的正中间,她笑得很灿烂,是那里面最亮的一颗"星"。我的班主任陈老师就是这样一个很优秀的人。她一直在平凡的工作岗位上做最好的自己,我非常尊敬她!

冲刺密卷十一号卷

一、读单音节字词（100个音节，共10分，限时3.5分钟）。请横向朗读！

卧	鸟	纱	悔	掠	酉	终	撒	甩	蓄
秧	四	仍	叫	台	婶	贼	耕	半	掐
布	癣	翁	弱	刷	允	床	改	逃	春
驳	纯	导	虽	棒	伍	知	末	枪	蹦
港	评	犬	课	淮	炯	循	纺	拴	李
赛	捡	梯	呕	绳	揭	陇	搓	二	棉
桩	皿	宋	狭	内	啃	字	环	州	秒
抛	代	关	停	祛	德	孙	旧	崔	凝
烈	倪	荆	擒	案	砸	垮	焚	帝	聊
颠	涌	牛	汝	粤	篇	竹	草	迟	泛

二、读多音节词语（100个音节，共20分，限时2.5分钟）。请横向朗读！

参考	船长	艺术家	聪明	思量	红军	煤炭
工厂	发烧	吆喝	黄瓜	效率	别针儿	责怪
姑娘	喷洒	保温	产品	童话	男女	做活儿
缘故	谬论	穷困	今日	完整	决定	斜坡
疲倦	纳闷	爱国	能量	口罩儿	让位	叶子
封锁	核算	而且	转脸	必然性	飞快	牙签
丢掉	往来	罪恶	首饰	均匀	此起彼伏	

三、朗读短文（400个音节，共30分，限时4分钟）

　　有个塌鼻子的小男孩儿，因为两岁时得过脑炎，智力受损，学习起来很吃力。打个比方，别人写作文能写二三百字，他却只能写三五行。但即便这样的作文，他同样能写得很动人。

　　那是一次作文课，题目是《愿望》。他极其认真地想了半天，然后极认真地写，那作文极短。只有三句话：我有两个愿望，第一个是，妈妈天天笑眯眯地看着我说："你真聪明。"第二个是，老师天天笑眯眯地看着我说："你一点儿也不笨。"

　　于是，就是这篇作文，深深地打动了他的老师，那位妈妈式的老师不仅给了他最高分，在班上带感情地朗读了这篇作文，还一笔一画地批道：你很聪明，你的作文写得非常感人，请放心，妈妈肯定会格外喜欢你的，老师肯定会格外喜欢你的，大家肯定会格外喜欢你的。

　　捧着作文本，他笑了，蹦蹦跳跳地回家了，像只喜鹊。但他并没有把作文本拿给妈妈看，他是在等待，等待着一个美好的时刻。

　　那个时刻终于到了，是妈妈的生日——一个阳光灿烂的星期天；那天，他起得特别早，把作文本装在一个亲手做的美丽的大信封里,等着妈妈醒来。妈妈刚刚睁眼醒来,他就笑眯眯地走到妈妈跟前说:"妈妈,今天是您的生日,我要//送给您一件礼物。"

果然,看着这篇作文,妈妈甜甜地涌出了两行热泪,一把搂住小男孩儿,搂得很紧很紧。

是的,智力可以受损,但爱永远不会。

——节选自张玉庭《一个美丽的故事》

四、命题说话(请在下列话题中任选一个,共40分,限时3分钟)

1. 我喜爱的动物(或植物)

2. 我喜欢的节日

我选择的说话题目是《我喜爱的植物》。我喜欢的植物有很多,比如吊兰、玫瑰、荷花、迎春花、梅花等,这些植物它们都有自己的特点:荷花皎洁淡雅,梅花耐寒幽香……我在不同的季节中会喜欢不同的植物。

在阳光明媚的春天,我最喜欢柳树。贺知章的《咏柳》诗写道:"碧玉妆成一树高,万条垂下绿丝绦。不知细叶谁裁出,二月春风似剪刀。"这时的柳树才刚刚抽出新芽,长出嫩叶,一片一片地包在一起,像许多难分难舍的兄弟姐妹一样,亲热地依偎在一起。它有着飘逸的长发,当风轻轻吹过的时候,柳树就扭动着它那优美的身姿在风中翩翩起舞,显得特别的迷人。因为柳树传递了春天的气息,所以我喜欢柳树。

在烈日炎炎的夏天,我最喜欢那皎洁淡雅的荷花,我称它是"白衣仙女"。我家附近有一个荷花池,一到夏天,池子里就开满了各式各样的荷花,有白的,有红的,也有黄的。有的荷花像一个亭亭玉立的小姑娘,害羞地低着头,好像在跟荷叶弟弟轻轻地诉说;有的像一个可爱的胖娃娃,眯着眼,笑容是那么的灿烂。当风姑娘来的时候,荷花就左右摇曳,像是在向我们招手,再一看,又像是在进行跳舞比赛。荷花自古以来都是人们赞美的对象,更是诗人和画家寄托情感的对象。"出淤泥而不染,濯清涟而不妖""小荷才露尖尖角,早有蜻蜓立上头"等诗句都为我们展示了荷花高贵美丽的风采。我之所以这么喜欢荷花,是因为它超凡脱俗的风采让我敬佩。

在秋风送爽的秋天,我喜欢那"花中隐士"——菊花。它不以娇艳姿色博得喜欢,却将素雅坚贞展示给人们,盛开在百花凋零之后。一朵朵鲜艳的菊花,千姿百态,有的像盛开的向日葵,有的像金色的小"太阳",还有的像孩童般天真的笑脸。瞧,这一朵粉色的菊花昂首挺胸,豆芽般的花瓣紧紧地簇拥在一起,远远望去,既像一个毛茸茸的小球,又像一个大家庭围在一起谈论事情。当风吹过的时候,美丽的菊花散发出诱人的香味,让人闻了神清气爽。

在寒风刺骨的冬天,我最喜欢那傲雪独立的梅花,当大雪纷飞的时候,只有梅花在大雪中迎着呼啸的北风,凌寒绽放,毫不退缩。许多诗人在诗中也写出了梅花的坚强意志。这"万花敢向雪中出,一枝独先天下春"的梅花,能不叫我喜欢吗?

冲刺密卷十二号卷

一、读单音节字词（100个音节,共10分,限时3.5分钟）。请横向朗读!

哑	铸	染	亭	后	挽	敬	疮	游	乖
仲	君	凑	稳	掐	酱	椰	铂	峰	账
焦	碰	暖	扑	龙	碍	离	鸟	瘸	密
承	滨	盒	专	此	艘	雪	肥	薰	硫
宣	表	嫡	迁	套	滇	砌	藻	刷	坏
虽	滚	杂	倦	垦	屈	所	惯	实	扯
栽	额	屡	弓	拿	物	粉	葵	躺	肉
铁	日	帆	萌	寡	猫	窖	内	雄	伞
蛙	葬	夸	戴	罗	并	摧	狂	饱	魄
而	沈	贤	润	麻	养	盘	自	您	虎

二、读多音节词语（100个音节,共20分,限时2.5分钟）。请横向朗读!

勾画	刚才	松软	半截儿	穷人	吵嘴	乒乓球
逼迫	篡夺	牛顿	沉默	富翁	傻子	持续
佛像	被窝儿	全部	乳汁	对照	家伙	灭亡
连绵	小腿	原则	外国	戏法儿	普通	咏叹调
愉快	撒谎	下来	昆虫	意思	声明	患者
未曾	感慨	老头儿	群体	红娘	觉得	排演
赞美	运输	抓紧	儿童	症状	机灵	昂首

三、朗读短文（400个音节,共30分,限时4分钟）

　　人活着,最要紧的是寻觅到那片代表着生命绿色和人类希望的丛林,然后选一高高的枝头站在那里观览人生,消化痛苦,孕育歌声,愉悦世界!

　　这可真是一种潇洒的人生态度,这可真是一种心境爽朗的情感风貌。

　　站在历史的枝头微笑,可以减免许多烦恼。在那里,你可以从众生相所包含的甜酸苦辣、百味人生中寻找你自己;你境遇中的那点儿苦痛,也许相比之下,再也难以占据一席之地;你会较容易地获得从不悦中解脱灵魂的力量,使之不致变得灰色。

　　人站得高些,不但能有幸早些领略到希望的曙光,还能有幸发现生命的立体的诗篇。每一个人的人生,都是这诗篇中的一个词、一个句子或者一个标点。你可能没有成为一个美丽的词,一个引人注目的句子,一个惊叹号,但你依然是这生命的立体诗篇中的一个音节、一个停顿、一个必不可少的组成部分。这足以使你放弃前嫌,萌生为人类孕育新的歌声的兴致,为世界带来更多的诗意。

最可怕的人生见解,是把多维的生存图景看成平面。因为那平面上刻下的大多是凝固了的历史——过去的遗迹;但活着的人们,活得却是充满着新生智慧的,由//不断逝去的"现在"组成的未来。人生不能像某些鱼类躺着游,人生也不能像某些兽类爬着走,而应该站着向前行,这才是人类应有的生存姿态。

——节选自[美]本杰明·拉什《站在历史的枝头微笑》

四、命题说话(请在下列话题中任选一个,共 40 分,限时 3 分钟)

1. 学习普通话的体会

2. 难忘的旅行

我选择的说话题目是《学习普通话的体会》。学普通话是一件非常锻炼意志、催人上进的事,我学习普通话重要的一点感受就是坚持。练习普通话是个漫长的过程,需要一点一滴去提高。可能起初你下了很大功夫,但感觉不到它的效果,不用着急,关键是你要一如既往地坚持下去。

我对普通话起初不太重视,用普通话说话是在大学里才完全放开的。从小在家乡说方言已成了习惯,就是上高中时也是用一口流利的家乡方言和老师、同学交谈。除非在上课老师问问题,被要求用普通话回答时才会勉强说蹩脚的普通话。这一切的语言环境,给我学习普通话带来了很大的干扰。

在南方,相对而言,平时都用普通话交流的人不是非常多。在我们湖南,流行着这样一个说法:"湘方言是隔一座山坳坳,就是一种不同的语言。"听起来有些夸张,不过在我们那个地区,两个镇之间的方言确实在发音上有着非常明显的不同。正因为这样,我们就更有练好普通话的必要了。

我的乡音很浓很重,普通话摸底测试成绩不佳。在第一回的普通话测试中我没有报名,我需要留更多的时间来为自己缓冲练习。为了提高普通话,我在仔细了解了我的普通话发音和标准的普通话发音之间的差距之后,下定了决心要学好它。我早早购买了普通话的教材,下载了音频文件,有事没事就跟读练习。记得每回晨跑、晚餐后散步,我都要边听边练习,每回睡觉前,就会静下心来,仔细地用心倾听音频里富于感情的阅读,我把它变成一种习惯。听别人朗读既是一种欣赏,也是一种学习。

当我以为自己的普通话进步很大,拿着文章让普通话说得好的朋友给我测测,结果我还是犯了些不该犯的错误,比如"兰花"的"兰"字和"南方"的"南"字的发音,我往往就不能清晰地区分开来,这使我很受打击。这就是我们南方人"n"和"l"分不清,"h"与"f"分不清,平翘舌不分,前后鼻音不分。这些问题曾经一度让我很烦躁,甚至有过放弃的念头。"不,绝对不能够放弃,自己已是过河的小卒,只能进不能退。"我告诉自己。从那以后,我学习普通话就变得更加细心、更加刻苦了。

生活中的很多道理和学习普通话是一样的,学习的收获远远不止奋斗的过程及本身的提高,更是一种精神上的演练和提升。我学习普通话,学到的就是这点精神,用许三多的话说,就是一种"不抛弃,不放弃"的精神。

冲刺密卷十三号卷

一、读单音节字词（100个音节，共10分，限时3.5分钟）。请横向朗读！

券	允	凡	笋	拎	雪	负	搜	最	禾
谬	帮	灭	郭	绒	窃	许	习	虫	恨
零	些	字	清	法	炉	绢	夺	产	词
扔	浴	擦	桃	闲	支	楼	姜	甩	雄
窄	驳	炯	旁	歪	蹦	偏	辱	方	条
嫁	鸟	盘	扯	纳	短	昂	镁	您	袜
押	贼	蜂	袄	团	逗	雷	够	脊	筐
讼	伸	稿	破	遗	廓	裳	跃	酌	光
凝	眯	怒	香	史	搔	僻	艇	刷	住
钓	孔	殿	水	而	改	宽	魂	蹭	枕

二、读多音节词语（100个音节，共20分，限时2.5分钟）。请横向朗读！

沙漠	主人翁	去年	牌楼	似乎	平民	群落
穷苦	肚脐儿	设备	旋转	接洽	包涵	干脆
日益	障碍	测量	特点	开玩笑	铁索	脑子
配偶	作怪	伤员	利用	打垮	痛快	略微
邮戳儿	创造	票据	苍白	沸腾	独立	酒盅儿
坚持	整个	霜冻	分成	先生	绿化	角色
工程	导体	扇面儿	宾馆	循环	下跌	困难

三、朗读短文（400个音节，共30分，限时4分钟）

不管我的梦想能否成为事实，说出来总是好玩儿的：

春天，我将要住在杭州。二十年前，旧历的二月初，在西湖我看见了嫩柳与菜花，碧浪与翠竹。由我看到的那点儿春光，已经可以断定，杭州的春天必定会教人整天生活在诗与图画之中。所以，春天我的家应当是在杭州。

夏天，我想青城山应当算作最理想的地方。在那里，我虽然只住过十天，可是它的幽静已拴住了我的心灵。在我所看见过的山水中，只有这里没有使我失望。到处都是绿，目之所及，那片淡而光润的绿色都在轻轻地颤动，仿佛要流入空中与心中似的。这个绿色会像音乐，涤清了心中的万虑。

秋天一定要住北平。天堂是什么样子，我不知道，但是从我的生活经验去判断，北平之秋便是天堂。论天气，不冷不热。论吃的，苹果、梨、柿子、枣儿、葡萄，每样都有若干种。论花草，菊花种类之多，花式之奇，可以甲天下。西山有红叶可见，北海可以划船——虽然荷花已残，荷叶可还有一片清香。衣食住行,在北平的秋天,是没有一项不使人满意的。

冬天,我还没有打好主意,成都或者相当的合适,虽然并不怎样和暖,可是为了水仙,素心腊梅,各色的茶花,仿佛就受一点儿寒//冷,也颇值得去了。昆明的花也多,而且天气比成都好,可是旧书铺与精美而便宜的小吃远不及成都那么多。好吧,就暂这么规定:冬天不住成都便住昆明吧。

在抗战中,我没能发国难财。我想,抗战胜利以后,我必能阔起来。那时候,假若飞机减价,一二百元就能买一架的话,我就自备一架,择黄道吉日慢慢地飞行。

——节选自老舍《住的梦》

四、命题说话(请在下列话题中任选一个,共40分,限时3分钟)

1. 我尊敬的人

2. 谈谈个人修养

我选择的说话题目是《谈谈个人修养》。修养是个人魅力的基础,其他一切吸引人的长处都来源于此。古人说:"修身、齐家、治国、平天下",把"修身"列在首位,这说明良好的个人修养是成就事业的前提。做一个文明的大学生是学校和社会对我们的基本要求。但是在高度发达的现代社会里,修养不高的人却比比皆是,有些人乱扔垃圾甚至随地吐痰,还有些人竟然脏话连篇,不注意语言文明。一个人如果要获得别人的赞赏、别人的尊重甚至吸引别人的注意,提高自身的修养是非常重要的。

为什么有些人说话、举手投足甚至微笑或者问候都会给人一种很舒服的感觉,而有些人则恰恰相反呢?这里面就是一个人的修养了。有时,优雅和礼貌并不完全是做给别人看的,其实从内心深处,我们每一个人都很欣赏这样的美。并不一定长得很美、很帅,并不一定要穿一身名牌衣服或者戴一只名牌的手表,稍加注意,就可以在普通人中脱颖而出,这就是个人的修养了。俊朗的外表、姣好的面容是父母给的,但优雅礼貌的行为则是后天努力才能获得的,在很多方面,后天的获得是可以弥补先天的不足的。

提高个人修养可以从最基本的三个方面着手:社会公德、职业道德、家庭美德。

社会公德是社会生活中最简单、最起码、最普通的行为准则,是维持社会公共生活正常、有序、健康进行的最基本条件。在社会公德方面我们要做到文明礼貌,见人要问好,得到别人的帮助时我们要感谢,无意中打扰或是伤害到别人时我们要道歉,我们还要助人为乐。大家都说,只要人人献出一点爱,世界将变成美好的人间,还有一句话说得好:"我为人人,人人为我",帮助都是相互的;我们还应该爱护公物、保护环境、遵纪守法、热爱祖国。良好的职业道德是我们立足社会、成就自我的根本点和出发点。在职业道德方面,我们要做到爱岗敬业,干一行爱一行,牢记自己的职业使命;诚实守信,要说到做到,勇于兑现承诺;另外我们还要办事公道、奉献社会。家庭是社会的细胞,在家庭美德方面我们还要做到尊老爱幼、男女平等、夫妻和睦、勤俭持家、邻里团结。

这些都是我们个人修养的重要方面。让我们每个人都努力提高自己的修养,这样我们的祖国才会兴旺,社会才会和谐,家庭才会和睦,我们的生活才会幸福。

冲刺密卷十四号卷

扫码听范读

一、读单音节字词（100个音节，共10分，限时3.5分钟）。请横向朗读！

眠	表	煤	岁	恩	乃	丢	按	日	烫
取	洲	水	盒	犬	射	砍	冀	姚	滩
甩	动	囊	浸	卵	困	钾	顾	雅	愣
槽	座	吻	升	德	喘	疲	三	巡	叮
墙	次	团	捏	贼	广	荣	癣	仪	怕
朽	菊	缩	柔	丝	迷	纷	卒	欠	蒸
梁	崔	怎	榻	宠	君	苦	怀	翁	纸
齐	挂	斜	登	袍	闰	绝	拍	炯	缫
莫	桶	拙	嫩	刚	扯	报	马	吠	刷
环	仿	日	汪	用	诸	罡	岭	播	二

二、读多音节词语（100个音节，共20分，限时2.5分钟）。请横向朗读！

为了	森林	篡改	夸张	华贵	手绢儿	舞女
公开	创造性	翱翔	描述	下降	骡子	佛典
猫头鹰	完备	快艇	叛变	灰色	皎洁	功能
状元	然而	彼此	恰如	培育	丰硕	酒盅儿
红火	迫使	油田	群体	上课	贫穷	牛顿
撒谎	胸脯	程序	翅膀	农村	在这儿	外力
大娘	底子	命运	爱国	展览	刀刃儿	缺乏

三、朗读短文（400个音节，共30分，限时4分钟）

　　在一次名人访问中，被问及上个世纪最重要的发明是什么时，有人说是电脑，有人说是汽车，等等。但新加坡的一位知名人士却说是冷气机。他解释，如果没有冷气，热带地区如东南亚国家，就不可能有很高的生产力，就不可能达到今天的生活水准。他的回答实事求是，有理有据。

　　看了上述报道，我突发奇想：为什么没有记者问："二十世纪最糟糕的发明是什么？"其实二○○二年十月中旬，英国的一家报纸就评出了"人类最糟糕的发明"。获此"殊荣"的，就是人们每天大量使用的塑料袋。

　　诞生于上个世纪三十年代的塑料袋，其家族包括用塑料制成的快餐饭盒、包装纸、餐用杯盘、饮料瓶、酸奶杯、雪糕杯，等等。这些废弃物形成的垃圾，数量多、体积大、重量轻、不降解，给治理工作带来很多技术难题和社会问题。

　　比如，散落在田间、路边及草丛中的塑料餐盒，一旦被牲畜吞食，就会危及健康甚至导致死亡。填埋废弃塑料袋、塑料餐盒的土地，不能生长庄稼和树木，造成土地板结，而焚烧处理这些塑料垃圾，则会释放出多种化学有毒气体，其中一种称为二噁英的化合物，毒性极大。

此外，在生产塑料袋、塑料餐盒的∥过程中使用的氟利昂，对人体免疫系统和生态环境造成的破坏也极为严重。

——节选自林光如《最糟糕的发明》

四、命题说话（请在下列话题中任选一个，共40分，限时3分钟）

1. 我喜欢的季节（或天气）
2. 谈谈对环境保护的认识

我选择的说话题目是《我喜欢的季节》。有人喜欢鸟语花香的春天，有人喜欢充满活力的夏天，有人喜欢硕果累累的金秋，也有人喜欢银装素裹的冬天。而我，一年四季的每一个季节，我都格外喜欢。我觉得，正是因为有了一年四季的轮回，我的生活才格外多彩。

春天，白雪消融，万物复苏，一片生机勃勃的景象，这是生命的季节。脱下厚重的棉衣，到户外呼吸一下清新的空气，会让人一下子轻松快乐很多。春天，我常和同学一起出去郊游、踏青，看着到处都是一片片新绿，心情也格外好。在春天，到处都充满了希望，在这个希望的季节里，我常常会许下一年的愿望，让希望随着小草的发芽而慢慢成长。夏天，花红草绿，在这个充满激情与活力的季节，我可以做许多我想做的事。在烈日炎炎的夏天，我可以穿上我那宽松肥大的半袖和短裤，吃着我最爱吃的冰激凌。每到中午还可以吃一碗冰凉的冷面，那种冰爽的感觉真的是好极了。在这个季节里，我还可以去游泳，这是我最喜爱的运动，不但可以减肥，还可以放松紧张的心情。

秋天，是一个收获的季节，一片片金黄的稻田，田野里追逐的孩子们……这是一个让我说也说不完的好季节。秋天一到，无疑又是一年中农忙的时候了，农民可是很喜欢这一季节的，要知道这可是他们辛苦了一年，也等待了一年，即将得到回报的季节。看着一张张幸福的笑脸，我觉得世界上的一切都是那样的美好。还记得小时候，每到秋天，爸爸总会带着我到江边放风筝。看着风筝越飞越高，越飞越远，仿佛自己的所有烦恼也都随着它飘到世界的一端。从小我就喜欢收集秋天的叶子，我把我认为好看的叶子都会捡回家，夹在书里。现在，到我的书柜里随便拿出一本书来，你都会发现里面夹着几片或红或绿的叶子，每一片叶子都写着我童年的记忆！冬天，我喜欢我的家乡特有的冬天。冬天的早晨，我喜欢把自己裹得严严实实的，去江边看雾凇，看着神奇的雾凇，我总会感到自己很幸福。小时候，每次大雪过后，我们一大帮小孩就会在一起打雪仗，堆雪人，在雪地里打滚……在我童年的记忆里，冬天总是有着数不尽的欢声笑语。

正是由于一年四季的变换，我的生活才变得如此多姿多彩，每一年都有四种不同的感受。我爱每一个季节，我爱我生命里的每一分钟！

冲刺密卷十五号卷

一、读单音节字词（100 个音节，共 10 分，限时 3.5 分钟）。请横向朗读！

墙	换	戳	告	蹄	庄	陕	控	娃	段
锥	百	瞥	逆	添	壤	究	群	法	残
揩	末	厅	裂	宣	耳	瞎	瘦	温	揍
硼	晚	察	吞	持	比	昧	孙	日	脖
总	徐	粗	随	奉	汝	劝	黑	定	皆
谬	夺	享	杂	捞	滑	死	德	坏	此
瞧	女	冻	鸟	及	奶	罐	砂	扯	逛
粉	狼	抄	锦	绳	窖	驻	撅	或	揉
冢	悦	连	新	牙	藕	蕴	贴	吾	永
歪	迸	篇	尝	坎	鳌	筛	本	绫	勉

二、读多音节词语（100 个音节，共 20 分，限时 2.5 分钟）。请横向朗读！

背后	特别	冲刷	战略	农民	胆固醇	馒头
浅显	加速	所有制	疲倦	标准	粗糙	坚强
飞船	恰好	夸张	配套	扎实	藏身	快乐
双方	明确	军队	未来	四周	挨个儿	英雄
跳蚤	力量	胡同儿	蜗牛	昂贵	仍然	原因
财主	难怪	小鞋儿	麻醉	篡改	秋天	富翁
雨点儿	遵循	何况	上层	陡坡	轻而易举	

三、朗读短文（400 个音节，共 30 分，限时 4 分钟）

两个同龄的年轻人同时受雇于一家店铺，并且拿同样的薪水。

可是一段时间后，叫阿诺德的那个小伙子青云直上，而那个叫布鲁诺的小伙子却仍在原地踏步。布鲁诺很不满意老板的不公正待遇。终于有一天他到老板那儿发牢骚了。老板一边耐心地听着他的抱怨，一边在心里盘算着怎样向他解释清楚他和阿诺德之间的差别。

"布鲁诺先生，"老板开口说话了，"您现在到集市上去一下，看看今天早上有什么卖的。"

布鲁诺从集市上回来向老板汇报说，今早集市上只有一个农民拉了一车土豆在卖。

"有多少？"老板问。

布鲁诺赶快戴上帽子又跑到集上，然后回来告诉老板一共四十袋土豆。

"价格是多少？"

布鲁诺又第三次跑到集上问来了价格。

"好吧，"老板对他说，"现在请您坐到这把椅子上一句话也不要说，看看阿诺德怎么说。"

阿诺德很快就从集市上回来了。向老板汇报说到现在为止只有一个农民在卖土豆,一共四十口袋,价格是多少多少;土豆质量很不错,他带回来一个让老板看看。这个农民一个钟头以后还会弄来几箱西红柿,据他看价格非常公道。昨天他们铺子的西红柿卖得很快,库存已经不 // 多了。他想这么便宜的西红柿,老板肯定会要进一些的,所以他不仅带回了一个西红柿做样品,而且把那个农民也带来了,他现在正在外面等回话呢。

此时老板转向了布鲁诺,说:"现在您肯定知道为什么阿诺德的薪水比您高了吧!"

——节选自张健鹏、胡足青主编《故事时代》中《差别》

四、命题说话(请在下列话题中任选一个,共 40 分,限时 3 分钟)

1. 我的假日生活

2. 购物(消费)的感受

我选择的说话题目是《购物的感受》。自从一个人来到这个世上,就一直在消费。当然,消费在生活中是避免不了的。"消费,绿色消费。"对于这个消费观念,直到现在我还是没有意识。相信每个人都知道,每年的 3 月 15 日是消费权益保护日,但是你们对于消费了解多少呢?记得商业大亨李嘉诚说过:"眼睛仅盯在自己小口袋的是小商人,眼光放在世界大市场的是大商人。同样是商人,眼光不同,境界不同,结果也不同。"这句话虽然是用在商场上的,但却告诉我们一个大道理:想要学会消费、赚大钱,就必须学会理财。

在国外一直流传着这样的一个故事:在天堂,有一位 80 岁的外国老太太遇上了一个 80 岁的中国老太太。于是,她们便闲聊了起来。外国老太太说:"住了 40 年的房子,房款终于还完了,真苦啊!"中国老太太却说:"攒了 40 年的钱,终于在临走前买了一套房子。"——这是一个十分简短而又有趣的故事。许多人看了故事,都会觉得这个中国老太太真笨,同是 40 年,别人就是会过日子!可就是这么个小故事,让人意识到"合理消费、学会理财"的重要性。

说过了理财,再来说说消费吧!消费?不就是买东西花钱吗?这有什么好说的呢?这些都是人们对消费的认知。以此看来,人们对"消费"的理解是多么的肤浅啊!在这方面,我也吃过大亏呢!记得有一年春节前,爸爸奖励给我 50 元,让我自己买东西吃。我拿着钱走在热闹的大街上,左看看,右瞧瞧。"由于春节期间,本超市食品等全场 7 折……"用 50 元买打折食品,多划算呀!我一边想,一边循声走去,走进一个超市,买了一大袋美味小吃,便美滋滋地回家了。一回到家,我便开始大吃大喝。不一会儿,出事了!肚子好疼!我拿起一个包装袋一看,已经过期了!我拿起其他包装袋看了看,大多数都是过期的,有的都过期一年了。见状,我急忙叫上老爸,带上食品,一同赶到超市理论。可因为超市小票早已被我扔了,无凭无据,我们就只能是"哑巴吃黄连——有苦说不出"了。

经历了那次的教训,我每次买东西都非常小心、谨慎,以防再犯这样的错误。

冲刺密卷十六号卷

一、读单音节字词 (100个音节,共10分,限时3.5分钟)。请横向朗读!

亏	阅	典	儿	馨	盘	寡	裙	黑	藤
佩	陵	字	层	日	忙	软	抠	腐	囚
她	醒	凑	除	钵	防	摸	扭	毛	俊
投	象	拖	洒	朦	告	沧	袋	丙	锐
耍	环	筛	捧	碎	癣	腔	选	农	居
砸	吃	甲	四	迎	费	渝	我	歌	栋
淮	某	棕	违	爽	瞥	旺	僧	磷	炯
摔	道	杯	决	帐	鼓	债	粗	但	女
延	问	离	钓	犬	闹	苗	诊	猎	染
激	肯	塘	沾	癌	洽	庵	笨	熊	准

二、读多音节词语 (100个音节,共20分,限时2.5分钟)。请横向朗读!

快乐	机器	小瓮儿	含量	村庄	开花	灯泡儿
抽象	特色	而且	定额	观赏	部分	车站
捐税	收缩	鬼脸	趋势	拐弯儿	内容	若干
爆发	原材料	创办	抓紧	盛怒	运用	美景
面子	压迫	必需品	佛学	一直	启程	棒槌
山峰	罪孽	刺激	打听	通讯	木偶	昆虫
天下	做活儿	跨度	就算	构造	背井离乡	

三、朗读短文 (400个音节,共30分,限时4分钟)

这是入冬以来,胶东半岛上第一场雪。

雪纷纷扬扬,下得很大。开始还伴着一阵儿小雨,不久就只见大片大片的雪花,从彤云密布的天空中飘落下来。地面上一会儿就白了。冬天的山村,到了夜里就万籁俱寂,只听得雪花簌簌地不断往下落,树木的枯枝被雪压断了,偶尔咯吱一声响。

大雪整整下了一夜。今天早晨,天放晴了,太阳出来了。推开门一看,嗬!好大的雪啊!山川、河流、树木、房屋,全都罩上了一层厚厚的雪,万里江山,变成了粉妆玉砌的世界。落光了叶子的柳树上挂满了毛茸茸亮晶晶的银条儿;而那些冬夏常青的松树和柏树上,则挂满了蓬松松沉甸甸的雪球儿。一阵风吹来,树枝轻轻地摇晃,美丽的银条儿和雪球儿簌簌地落下来,玉屑似的雪末儿随风飘扬,映着清晨的阳光,显出一道道五光十色的彩虹。

大街上的积雪足有一尺多深,人踩上去,脚底下发出咯吱咯吱的响声。一群群孩子在雪地里堆雪人,掷雪球儿。那欢乐的叫喊声,把树枝上的雪都震落下来了。

俗话说,"瑞雪兆丰年"。这个话有充分的科学根据,并不是一句迷信的成语。寒冬大雪,可以冻死一部分越冬的害虫;融化了的水渗进土层深处,又能供应//庄稼生长的需要。我相信这一场十分及时的大雪,一定会促进明年春季作物,尤其是小麦的丰收。有经验的老农把雪比做是"麦子的棉被"。冬天"棉被"盖得越厚,明春麦子就长得越好,所以又有这样一句谚语:"冬天麦盖三层被,来年枕着馒头睡。"

我想,这就是人们为什么把及时的大雪称为"瑞雪"的道理吧。

——节选自峻青《第一场雪》

四、命题说话(请在下列话题中任选一个,共 40 分,限时 3 分钟)

1. 我的学习生活

2. 谈谈服饰

我选择的说话题目是《我的学习生活》。在我人生的每一个阶段,学习生活都不一样。小学时我不喜欢学习,只喜欢玩,每次只是勉强按照老师的安排,同时也是在老师和家长的监督下被动地完成一些作业。有时候看看课外书,也只是自己的兴趣而已。小时候也从来不知道去安排学习时间,想玩的时候就玩,有人提醒的时候才想到学习。

到了初中阶段,可能是由于父母和老师的苦口婆心,也可能是因为自己稍微长大了,开始有了奋斗目标,希望自己能够考上一所理想的高中。于是学习压力就开始加重了,课程也越来越多了,每天都有很多的测试和做不完的作业。我开始制订学习计划,每天都要求自己完成定下的计划。学习虽然忙碌,但也充实。我每天有计划地背单词,练习写作,积累一段时间后,发现自己进步了不少,于是心里也会有一种小小的满足感。但是不知道为什么,一到假期我的学习动力就好像完全消失了。比如暑期长假,我一回到家就放下所有的一切,先计划去哪里玩。到了最后的几天长假我还不能静下心来去做作业,此时自己就会有一种负罪感。所以,一般在长假的最后几天中,我往往是在矛盾的心理状态中度过的。

到了高中阶段,学习更加忙碌了,因为自己最终将面临高考,要想考上一所理想的大学,自己必须加倍努力。那时候自己根本没有空余时间,每天的学习计划早已经被老师给安排得满满的,根本不用自己制订学习计划。因此,为了学习,为了高考,我的许多兴趣爱好就在那个时候被放弃了。双休日没了,假期也缩短了,连休息的时间都不够,根本就没有玩的时间了。一到寒暑假,爸妈早已给我报好补习班,让我在暑假期间好好地把薄弱的课程补上。我发现这种填鸭式的学习方法并没有使我学习得到进步,反而让我失去了信心。

那时候我每天向往着自由,想着自己早点结束这种生活,可当自由真正来临的时候,我们却感到无端的恐慌。上了大学的人多半有这种感受。大学是个自觉学习的地方。要想在大学真正学到知识,我们必须具有很强的自制力。因为没有那些条条框框,没人管没人督促,那自由的生活会就会让我们变得懒散,空闲的时间多得让我们觉得空虚。发呆、闲逛、闲混,日子就这么过着,可心里充满了罪恶感。

我说的这些只是我曾经的学习经历,我觉得真正的学习生活只有进行时没有完成时,因为学习是需要每个人一辈子去完成的。

冲刺密卷十七号卷

一、读单音节字词（100个音节，共10分，限时3.5分钟）。请横向朗读！

扔	搏	掌	弱	法	弯	脓	柳	腔	呕
揪	舔	日	彼	粗	狂	销	凑	舌	捉
字	歼	值	扔	拟	汉	窘	攥	胚	径
摆	忙	岁	谋	女	而	征	妄	吟	掠
雅	阔	怀	瓮	三	故	踢	浑	胸	卦
鹰	肋	广	笨	舱	抱	涡	酿	筛	找
疲	翻	树	昂	软	词	捐	扯	巡	宽
平	雪	秸	诚	花	头	总	擒	稻	晨
废	辖	犬	愣	虞	吹	咬	拿	损	爹
甫	店	瞟	凌	讨	庙	群	改	颇	酶

二、读多音节词语（100个音节，共20分，限时2.5分钟）。请横向朗读！

宣传	衰变	外省	频率	捏造	棉球儿	耽误
橄榄	状态	疟疾	打嗝儿	运行	重量	跨度
晌午	嫂子	历史	勇敢	身份	挖潜	奥秘
锦标赛	方向	安慰	心眼儿	存活	持续	柔和
哺乳	冤枉	创伤	害怕	家庭	收购	以内
挫折	周围	杂草	摸黑儿	决定	摧毁	军人
灿烂	作风	工厂	穷困	恰好	原料	糖尿病

三、朗读短文（400个音节，共30分，限时4分钟）

　　我爱月夜，但我也爱星天。从前在家乡七八月的夜晚在庭院里纳凉的时候，我最爱看天上密密麻麻的繁星。望着星天，我就会忘记一切，仿佛回到了母亲的怀里似的。

　　三年前在南京我住的地方有一道后门，每晚我打开后门，便看见一个静寂的夜。下面是一片菜园，上面是星群密布的蓝天。星光在我们的肉眼里虽然微小，然而它使我们觉得光明无处不在。那时候我正在读一些天文学的书，也认得一些星星，好像它们就是我的朋友，它们常常在和我谈话一样。如今在海上，每晚和繁星相对，我把它们认得很熟了。我躺在舱面上，仰望天空。深蓝色的天空里悬着无数半明半昧的星。船在动，星也在动，它们是这样低，真是摇摇欲坠呢！渐渐地我的眼睛模糊了，我好像看见无数萤火虫在我的周围飞舞。海上的夜是柔和的，是静寂的，是梦幻的。我望着许多认识的星，我仿佛看见它们在对我眨眼，我仿佛听见它们在小声说话。这时我忘记了一切。在星的怀抱中我微笑着，我沉睡着。我觉得自己是一个小孩子，现在睡在母亲的怀里了。

有一夜,那个在哥伦波上船的英国人指给我看天上的巨人。他用手指着: // 那四颗明亮的星是头,下面的几颗是身子,这几颗是手,那几颗是腿和脚,还有三颗星算是腰带。经他这一番指点,我果然看清楚了那个天上的巨人。看,那个巨人还在跑呢!

——节选自巴金《繁星》

四、命题说话(请在下列话题中任选一个,共40分,限时3分钟)

1. 我的愿望(或理想)

2. 童年的记忆

我选择的说话题目是《童年的记忆》。在我的记忆里,我的童年是在快乐中度过的。每当回忆起童年的那些事,我都会笑容满面。

小时候总是无忧无虑的,每天嘻嘻哈哈地总是玩。每天放学,我们一大帮小孩儿就聚在一起玩拍电报、过家家、捉迷藏之类的游戏,最有意思的就是做蛋糕了,到河边挖黄泥,做成蛋糕的形状,上面再插几个小棍儿,就是生日蛋糕啦!黄泥还可以捏成小动物。那时候也不知道脏,每天晚上回到家洗脸,那水都是黑的!

上小学的时候,每次放暑假,我都会去我大姨家,因为我大姨家在农村,她家养了很多鸡、鸭、鹅,我总是喜欢到园子里给它们喂食,看着它们开心地吃东西的样子,我可高兴了。我最喜欢喂小鸡儿吃苞米,看着它们用尖尖的小嘴儿一粒一粒地吃地上的苞米粒儿,觉得可好玩了!记得我小的时候很淘气,在大姨家的房子上,我看到了一只麻雀,就想把它抓下来。我就用树杈儿和胶皮做了一个特别不正规的弹弓,没想到竟把那只麻雀打了下来。没抓到它时就是想抓着它,可是抓到之后我就后悔了。因为我发现它的一只翅膀受伤了,后来想想,用弹弓打下来的鸟能不受伤嘛。那时我根本不懂怎么给它包扎伤口,我只找到了几片含片,我想那也能消毒吧,就把含片弄成末,上在了麻雀的伤口上,还喂了它点水,可是它不喝,我难受极了!没到半个小时,它就死了。然后我就把它埋了起来,还给它做了一个墓碑,就是用个小木板,上面写着:麻雀六六之墓。当时我还哭了很久,这件事到今天我还记得很清楚。后来我就把我做的那个弹弓给烧了,从此我再也没有打过鸟。

还记得在我上小学的时候,老师让每个同学捐一盆花,而我家又没有花,我又不好意思不捐,怎么办呢?后来我就去江边挖了许多蒲公英,把它们栽在了一个花盆里。第二天早上我还很开心地拿着那盆花去学校了。可能是去得有点晚,一进教室,老师和同学就都盯着我和我手中的那盆花。我对老师说:"老师,这是我带的花!"老师看着我手中的花,有点严肃地说:"你拿的是什么花呀?"我当时好像也意识到自己的做法有点不对了,就挺难为情地低下了头。这时,班级一下子热闹起来了,同学竟然争先恐后地举手回答老师的问题,说那是野花,叫蒲公英,他们家附近有很多。面对这样尴尬的局面,我当时真想找个地缝钻进去。现在我常常把这件事拿出来当作笑话给别人讲,觉得小时候的想法真的很天真,很有意思。

如今长大了,总觉得童年美好而短暂,总是会追忆童年的美好与快乐,却常常忽略了此时此刻的我们也是很美好很快乐的!我相信,童年的记忆不会消失,而我的今天,也将会成为明天美好的回忆!

冲刺密卷十八号卷

一、读单音节字词（100个音节，共10分，限时3.5分钟）。请横向朗读！

贼	列	枕	次	聋	饼	日	谨	裙	绢
值	冯	炯	咸	呆	卤	僧	扭	肾	抓
盆	战	耳	基	丑	凝	免	外	穷	陋
春	昂	喘	滨	娘	方	购	仍	睡	跟
环	浮	擦	快	滑	渺	疆	台	醒	秘
坑	善	允	逛	甩	照	拨	叠	翁	床
舜	肿	俗	腭	牌	骚	雪	批	洒	锌
瑞	锅	垒	休	谈	目	犬	榻	窝	举
纵	黑	瘤	掏	挪	惹	贝	哑	奏	席
招	榆	餐	字	考	编	滚	叼	法	光

二、读多音节词语（100个音节，共20分，限时2.5分钟）。请横向朗读！

倘使	苍翠	强求	蒙古包	从而	粉末儿	旋转
情怀	合同	财产	手脚	灭亡	起飞	跨越
挂念	庄稼	高傲	柴火	局势	犯罪	决议
耽误	增加	作用	难怪	少女	个体	上下
危害	沙发	斥责	伸手	砂轮儿	原料	白云
伴侣	大多数	思想	本子	状况	柔软	训练
药品	政党	蒜瓣儿	定律	学会	人均	没谱儿

三、朗读短文（400个音节，共30分，限时4分钟）

　　爸不懂得怎样表达爱，使我们一家人融洽相处的是我妈。他只是每天上班下班，而妈则把我们做过的错事开列清单，然后由他来责骂我们。

　　有一次我偷了一块糖果，他要我把它送回去，告诉卖糖的说是我偷来的，说我愿意替他拆箱卸货作为赔偿。但妈妈却明白我只是个孩子。我在运动场打秋千跌断了腿，在前往医院途中一直抱着我的，是我妈。爸把汽车停在急诊室门口，他们叫他驶开，说那空位是留给紧急车辆停放的。爸听了便叫嚷道："你以为这是什么车？旅游车？"在我生日会上，爸总是显得有些不大相称。他只是忙于吹气球，布置餐桌，做杂务。把插着蜡烛的蛋糕推过来让我吹的，是我妈。

　　我翻阅照相册时，人们总是问："你爸爸是什么样子的？"天晓得！他老是忙着替别人拍照。妈和我笑容可掬地一起拍的照片，多得不可胜数。

　　我记得妈有一次叫他教我骑自行车。我叫他别放手，但他却说是应该放手的时候了。我摔倒之后，妈跑过来扶我，爸却挥手要她走开。我当时生气极了，决心要给他点儿颜色看。于是我马上爬上自行车,而且自己骑给他看。他只是微笑。

我念大学时,所有的家信都是妈写的。他//除了寄支票外,还寄过一封短柬给我,说因为我不在草坪上踢足球了,所以他的草坪长得很美。每次我打电话回家,他似乎都想跟我说话,但结果总是说:"我叫你妈来接。"我结婚时,掉眼泪的是我妈。他只是大声擤了一下鼻子,便走出房间。我从小到大都听他说:"你到哪里去?什么时候回家?汽车有没有汽油?不,不准去。"爸完全不知道怎样表达爱。除非……

会不会是他已经表达了,而我却未能察觉?

——节选自[美]艾尔玛·邦贝克《父亲的爱》

四、命题说话(请在下列话题中任选一个,共 40 分,限时 3 分钟)

1. 我所在的集体(学校、机关、公司等)

2. 我喜爱的书刊

我选择的说话题目是《我所在的集体》。你有你的集体,我有我的集体,也许我们都生活在同一个集体。社会不就是我们大家共同生活的集体吗?当然,我们每个人又都有自己的小集体,现在我就说一说我所在的集体——快乐宝贝幼儿园。

每天早晨七点钟,我和同事们就相继来到这里,我们走进各自的教室,开始一天的工作。第一件事就是打开窗户,让教室通通风。虽然前一天我们都已经做过教室整理工作,但是茶杯、毛巾的消毒,早餐前的准备工作都是要当天做的。小朋友刚来幼儿园的几天很不适应,不断地要找妈妈。慢慢地到学期中途他们就能够适应环境了,每天早晨来还能甜甜地冲老师说:"老师早上好!"我也愉快地回应他们:"小朋友早上好!"

第一节课往往是小朋友精力最集中的时候。我们可以给孩子们上各种课程——语言、数学、科学、社会、音乐、美术,也可以给他们讲讲故事,或者做做游戏。当然,小朋友们最喜欢的就是讲故事和做游戏。其实,每一门课程都是受小朋友欢迎的,就看老师能不能激发他们的兴趣。第一节课后,就是小朋友的做操时间。说是做操,其实就是和着音乐的节拍跳一会儿舞。在这个过程中,我们老师也好像回到了快乐的童年,无忧无虑地蹦蹦跳跳。我想,没有哪一项工作能使人这样快乐,这样年轻吧!但是孩子们的午睡是我们最难做的事情。孩子们吃过中午饭之后,我们把他们带到睡眠室,给他们脱衣服,让他们睡觉,难度就在这个环节:有些孩子不愿意脱衣服,还不断地到处跑;有的孩子和其他的小朋友玩闹在一起,兴奋的时候还会大喊大叫。这就要求老师们要有耐心,慢慢地哄他们,直到把他们一个个哄睡着。这个过程很是不容易的,但是当看着一张张熟睡的小脸庞时,我们又会感到很幸福。

在我们这样的集体里,永远只有真诚,没有欺骗,更不会曲意逢迎。对就是对,错就是错,好就是好,坏就是坏!我们这个集体里不仅有可爱的小朋友,还有可爱善良的大朋友——我的同事们,我们之间常常互相关心,共同进步。就拿这次我学习普通话来说吧,同事们都热心地帮助我——有的坐下来听我读,给我指出不足之处;有的给我提出了一些建议,分享她们的个人经验;还有的一直在鼓励我……

生活在这样的集体里,我感到非常的幸运,我热爱我的集体。

冲刺密卷十九号卷

一、读单音节字词（100 个音节，共 10 分，限时 3.5 分钟）。请横向朗读！

封	崖	九	客	推	跛	徐	信	裁	耍
错	标	垒	捏	矩	歪	领	欧	鸟	前
越	僧	奖	敲	儿	氛	迭	硕	牢	疏
桂	麻	周	毒	胸	念	披	贼	起	棉
汪	尼	倦	夸	瘤	扑	狠	润	甜	纺
惯	垄	墙	颇	指	龚	砍	牛	愿	乳
革	窖	疤	死	旬	搬	簧	握	撅	庆
自	款	身	彻	躺	茶	乖	碳	绳	坏
窄	环	葬	吹	洒	麋	底	运	峡	太
饶	梦	袄	困	苍	掉	齿	盆	灭	毁

二、读多音节词语（100 个音节，共 20 分，限时 2.5 分钟）。请横向朗读！

超额	开水	定律	帮忙	特色	加油儿	妇女
繁杂	遭受	症状	侵略	休息	健全	亏本
肺活量	红军	完美	群众	随后	村民	石头
快速	佛典	照样	飘忽	穷人	层次	兴衰
融洽	创作	金子	主义	动画片	为难	小瓮儿
理解	告别	衙门	笔杆儿	应用	体温	宁肯
宣布	日夜	挂钩	冷暖	漫长	拍摄	耳膜儿

三、朗读短文（400 个音节，共 30 分，限时 4 分钟）

　　夕阳落山不久，西方的天空，还燃烧着一片橘红色的晚霞。大海，也被这霞光染成了红色，而且比天空的景色更要壮观。因为它是活动的，每当一排排波浪涌起的时候，那映照在浪峰上的霞光，又红又亮，简直就像一片片霍霍燃烧着的火焰，闪烁着，消失了。而后面的一排，又闪烁着，滚动着，涌了过来。

　　天空的霞光渐渐地淡下去了，深红的颜色变成了绯红，绯红又变为浅红。最后，当这一切红光都消失了的时候，那突然显得高而远了的天空，则呈现出一片肃穆的神色。最早出现的启明星，在这蓝色的天幕上闪烁起来了。它是那么大，那么亮，整个广漠的天幕上只有它在那里放射着令人注目的光辉，活像一盏悬挂在高空的明灯。

　　夜色加浓，苍空中的"明灯"越来越多了。而城市各处的真的灯火也次第亮了起来，尤其是围绕在海港周围山坡上的那一片灯光，从半空倒映在乌蓝的海面上，随着波浪，晃动着，闪烁着，像一串流动着的珍珠，和那一片片密布在苍穹里的星斗互相辉映，然是好看。

在这幽美的夜色中,我踏着软绵绵的沙滩,沿着海边,慢慢地向前走去。海水,轻轻地抚摸着细软的沙滩,发出温柔的//刷刷声。晚来的海风,清新而又凉爽。我的心里,有着说不出的兴奋和愉快。

夜风轻飘飘地吹拂着,空气中飘荡着一种大海和田禾相混合的香味儿,柔软的沙滩上还残留着白天太阳炙晒的余温。那些在各个工作岗位上劳动了一天的人们,三三两两地来到这软绵绵的沙滩上,他们浴着凉爽的海风,望着那缀满了星星的夜空,尽情地说笑,尽情地休憩。

——节选自峻青《海滨仲夏夜》

四、命题说话(请在下列话题中任选一个,共 40 分,限时 3 分钟)

1. 我喜爱的动物(或植物)

2. 我喜欢的明星(或其他知名人士)

我选择的说话题目是《我喜欢的明星》。刘欢,一位家喻户晓的音乐家,是我非常尊敬的人。刘欢出生在天津。他从小就表现出艺术的天赋,8 岁那年,刘欢是天津体育馆小学的小相声演员,和他的同学戴志诚说过相声,刘欢是逗哏。刘欢的京剧唱得也不错,最擅长的是《智取威虎山》选段。体育馆小学的宣传队当时在天津很知名,文艺队的孩子有很多外出表演展示才艺的机会。此外,刘欢当时还会说山东快书。

刘欢在 1986 年出道,1987 年的《心中的太阳》是刘欢的第一首电视剧歌曲,从此刘欢真正走上了歌坛。1989 年 4 月都市民谣《弯弯的月亮》的发行,风靡中国,歌曲优美的曲调和丰富的内涵表达了人们的思乡之情、依恋之情,它也被认为是中国流行音乐界从港台翻唱、西北风等热度流行过后走向沉静和内敛时期的代表作品。1990 年北京亚运会,刘欢与韦唯共同演唱作曲家徐沛东的《亚洲雄风》,至今被称为"不是会歌的会歌"。2008 年 8 月 8 日刘欢受邀与莎拉·布莱曼演唱北京奥运会主题曲《我和你》,这首歌不仅让全世界了解了中国,而且全世界也看到了中国有这样一位优秀的歌手。

刘欢是一位德艺双馨的艺术家。他与歌手韦唯共同发起北京演艺界赈灾义演;他为"野生救援协会"拍摄他的第一个公益广告,他也由此成为中国内地第一个拍摄公益广告的内地音乐人;刘欢还曾推掉过商业演出来参加《真情》特别节目"写给幸福"关注留守儿童大型公益晚会。他用自己的实际行动和真诚为社会努力付出,做出了让人钦佩的善举。刘欢是个性情中人。每每听他的歌都能从中听出他的散淡、他的悲怆、他的感伤、他的豪放,音乐是他的情感宣泄方式,歌里包含了他对生活的所有感受。作为歌手,他极具创造性,他不只是用嗓子在演唱,而且用心去演绎,所以他能够出色地传达出歌曲的情感,获得歌迷的喜爱。为了艺术,为了他认为值得的事情,刘欢会不顾一切去追求、去实现。

刘欢拥有广泛的听众群,他演唱的很多歌曲在中国大地广为流传。刘欢创作和演唱的作品虽获奖很多,但他本人却置之度外,淡泊名利,宠辱不惊;他背负教书育人的使命,致力于高校的艺术教育普及工作,始终站在一方讲台耕耘不辍。多年来知识的积淀和文化的内敛使他历练成为一位受人尊敬的艺术家。刘欢还以他的执着和不可低估的影响力为在中国消除音乐间的隔膜和树立流行音乐的形象方面做出了重要贡献。他的努力付出是值得我们每个人学习的。这就是我尊敬的人。

冲刺密卷二十号卷

一、读单音节字词（100个音节,共10分,限时3.5分钟）。请横向朗读!

匀	鸟	匣	攻	黏	体	材	若	雕	却
砖	磁	搜	短	洼	蜜	午	棍	本	内
窖	盆	鬃	吼	晶	狂	啐	徐	齿	状
我	麻	鲁	翔	怎	枪	拐	抓	塔	秦
闰	邱	粉	崩	阻	篇	隶	买	书	尊
咱	宣	笛	搬	简	乏	跌	嗓	二	旅
辈	昂	拨	陪	特	床	用	擦	雅	唯
日	曰	逃	坤	惩	改	凝	靠	裙	柳
黑	破	禹	鸥	害	盲	括	丝	仍	绢
顶	聊	碳	街	奉	帅	宠	策	飘	晋

二、读多音节词语（100个音节,共20分,限时2.5分钟）。请横向朗读!

然而	痛快	牌楼	英雄	大量	起草	吹牛
收音机	品种	钢铁	比赛	上面	恰巧	穷苦
推算	躲闪	窘迫	小葱儿	荒谬	军事	平原
褂子	随便	盗贼	政权	外在	蛋清儿	模型
方略	少女	眉头	衣服	如此	循环	科学
昨天	红娘	喇叭	价值	旺盛	纯真	唱歌儿
主人翁	恶化	亏损	火罐儿	挎包	安居乐业	

三、朗读短文（400个音节,共30分,限时4分钟）

　　三十年代初,胡适在北京大学任教授。讲课时他常常对白话文大加称赞,引起一些只喜欢文言文而不喜欢白话文的学生的不满。

　　一次,胡适正讲得得意的时候,一位姓魏的学生突然站了起来,生气地问:"胡先生,难道说白话文就毫无缺点吗?"胡适微笑着回答说:"没有。"那位学生更加激动了:"肯定有! 白话文废话太多,打电报用字多,花钱多。"胡适的目光顿时变亮了。轻声地解释说:"不一定吧! 前几天有位朋友给我打来电报,请我去政府部门工作,我决定不去,就回电拒绝了。复电是用白话写的,看来也很省字。请同学们根据我这个意思,用文言文写一个回电,看看究竟是白话文省字,还是文言文省字?"胡教授刚说完,同学们立刻认真地写了起来。

　　十五分钟过去,胡适让同学举手,报告用字的数目,然后挑了一份用字最少的文言电报稿,电文是这样写的:

　　"才疏学浅,恐难胜任,不堪从命。"白话文的意思是:学问不深,恐怕很难担任这个工作,不能服从安排。

胡适说,这份写得确实不错,仅用了十二个字。但我的白话电报却只用了五个字:

"干不了,谢谢!"

胡适又解释说:"干不了"就有才疏学浅、恐难胜任的意思;"谢谢"既//对朋友的介绍表示感谢,又有拒绝的意思。所以,废话多不多,并不看它是文言文还是白话文,只要注意选用字词,白话文是可以比文言文更省字的。

——节选自陈灼主编《实用汉语中级教程》(上)中《胡适的白话电报》

四、命题说话(请在下列话题中任选一个,共40分,限时3分钟)

1. 谈谈卫生与健康

2. 我喜爱的书刊

我选择的说话题目是《谈谈卫生与健康》。随着我们国家的经济发展水平的提高,人们的生活水平也有了很大的提高,健康在人们的心目中也越来越重要。健康这个话题越来越多地受到人们的关注,人们开始意识到健康与卫生之间的关系。

老话说"民以食为天",这足以见得食物对人们的重要性。"病从口入",说明饮食卫生与身体健康的密切联系,不卫生的饮食很容易使人的身体生病。卫生是处处都需要注意的,在路旁、街头、小巷里面就有很多油炸土豆片、烤串、臭豆腐之类的东西,我觉得最好就不要去买来吃,因为不知道这些东西是用什么来制作的,而且没有卫生保障,吃了很容易生病的,甚至会出现头晕、拉肚子等症状。在外面吃饭也要多加小心,外面有的小餐馆卫生条件不是很好,餐具很少能做到消毒,使用这样的餐具很可能就会被传染上一些疾病,比如肝炎、寄生虫病甚至食物中毒。水果一定要洗干净才能吃,有一些水果在生长的过程中,农民会用农药防治病虫害,这样水果表面会残留一些农药,所以削了皮吃会健康一些。饭菜也要做熟了再吃,不能只追求单纯的口感,而忽视了健康。病从口入的事情就曾发生在我的好朋友身上。有一段时间,因为考试复习,她连续好几天都是在校外的路边摊用餐,后来肚子就开始持续疼痛。去医院检查,医生告诉她,这不是简单的腹泻,从拍的X光片子上才发现肚子里居然有很多寄生虫!医生说肯定是吃了什么不干净的东西。

良好的卫生习惯是健康的前提与保障。要讲究个人卫生,饭前便后要洗手,要勤换洗衣服,勤洗澡等;房间每天要打扫,要坚持每天清理垃圾,还要保持室内的通风透气。同时卫生间也需要尽可能地排气,保持干爽,特别是卫生间的马桶、盥洗盆需要经常消毒。不良的卫生习惯会使人生病,比如触碰过一些旧书籍、旧报纸之类的脏东西,最好就不要揉眼睛也不要触碰鼻子,否则就会把手上的细菌带入身体,导致沙眼、鼻炎、拉肚子等疾病。

心理卫生对于我们的健康也很重要。我们要保持积极乐观平和的心态,多了解一些健康有意义的事情,不断让自己充满正能量。在繁重的工作之余我们要做一些适当的运动,这样不仅能放松心情,也能让自己的身体处在一个良好的状态。只有养成良好的卫生习惯,处处讲究卫生,才能够有健康的身体,才能够更好地享受生活。让我们大家一起关注健康,养成良好的卫生习惯吧!

冲刺密卷二十一号卷

一、读单音节字词（100个音节，共10分，限时3.5分钟）。请横向朗读！

类	我	璧	罕	困	掳	庞	栓	盆	桌
允	春	曹	段	批	肺	因	肠	矮	刷
选	翁	底	钩	绢	灯	踹	妆	味	锁
穷	或	矩	募	广	囊	坑	齿	偏	迷
讽	字	氛	样	头	告	饱	群	窄	日
摸	疗	薛	妄	此	谬	嘴	乍	爹	南
跳	而	歉	歇	笨	缕	鹅	项	俗	缰
达	算	班	惹	波	纳	甲	裴	虎	筐
您	窜	魂	洒	仍	松	拐	凝	卖	皇
收	雄	怎	淘	抓	洽	龄	朽	攥	迁

二、读多音节词语（100个音节，共20分，限时2.5分钟）。请横向朗读！

典雅	窘迫	骆驼	权力	明年	没谱儿	黑暗
拥有	棉花	妇女	街坊	财产	饭盒儿	傍晚
人民	追随	生存	小巧	八卦	牛仔裤	太空
干脆	茧子	动员	文章	戏法儿	颓丧	正好
冠军	深层	铁丝	仇恨	柔软	夏季	虐待
衰老	偶尔	佛像	寻找	听众	肚脐儿	失去
王国	月亮	创作	商品	快乐	恳求	蛋白质

三、朗读短文（400个音节，共30分，限时4分钟）

　　纯朴的家乡村边有一条河，曲曲弯弯，河中架一弯石桥，弓样的小桥横跨两岸。

　　每天，不管是鸡鸣晓月，日丽中天，还是月华泻地，小桥都印下串串足迹，洒落串串汗珠。那是乡亲为了追求多棱的希望，兑现美好的遐想。弯弯小桥，不时荡过轻吟低唱，不时露出舒心的笑容。

　　因而，我稚小的心灵，曾将心声献给小桥：你是一弯银色的新月，给人间普照光辉；你是一把闪亮的镰刀，割刈着欢笑的花果；你是一根晃悠悠的扁担，挑起了彩色的明天！哦，小桥走进我的梦中。

　　我在漂泊他乡的岁月，心中总涌动着故乡的河水，梦中总看到弓样的小桥。当我访南疆探北国，眼帘闯进座座雄伟的长桥时，我的梦变得丰满了，增添了赤橙黄绿青蓝紫。

　　三十多年过去，我带着满头霜花回到故乡，第一紧要的便是去看望小桥。

　　啊！小桥呢？它躲起来了？河中一道长虹，浴着朝霞熠熠闪光。哦，雄浑的大桥敞开胸怀，汽车的呼啸、摩托的笛音、自行车的叮铃,合奏着进行交响乐;南来的钢筋、花布,北往的柑橙、家禽,绘出交流欢悦图……

啊！蜕变的桥,传递了家乡进步的消息,透露了家乡富裕的声音。时代的春风,美好的追求,我蓦地记起儿时唱//给小桥的歌,哦,明艳艳的太阳照耀了,芳香甜蜜的花果捧来了,五彩斑斓的岁月拉开了！

我心中涌动的河水,激荡起甜美的浪花。我仰望一碧蓝天,心底轻声呼喊:家乡的桥啊,我梦中的桥！

——节选自郑莹《家乡的桥》

四、命题说话（请在下列话题中任选一个,共 40 分,限时 3 分钟）

1. 谈谈科技发展与社会生活

2. 我喜爱的书刊

我选择的说话题目是《谈谈科技发展与社会生活》。我们的生活每天都在发生变化,而且越变越好,这是由于科技融入了生活,丰富了生活,给我们的生活带来了方便,带来了舒适。没有科技的发展,也就没有我们今天幸福的生活。

现在家家户户都在使用家用电器,如:电饭煲、电磁炉、微波炉、洗衣机等,这些都是科技产品,它们的出现大大节约了家庭主妇们做家务的时间,把女性从繁重的家务劳动中解救出来;电信科技的飞速发展使得电话、手机等已成为公众普遍使用的通信工具,缩短了人与人之间的距离,极大地方便了人们之间的沟通交流。如今上网听歌、看电影、聊天、看新闻等早已成为新时代人们娱乐的新方式。现在正流行的在线教育,使得我们不出家门就能享受到优质的教学资源,只要电脑连接到网络,学习就可以随时随地,学习的领域也可以自由选择。科技的发展使得交通工具领域也发生了很大变化,比如,火车由早前以蒸汽作为动力,发展到现在的以电动机为动力的时速可到三百多公里的高速列车。这样的火车不仅速度快而且乘坐舒适。飞翔一直是人类的梦想,飞机的发明使得人类的梦想得以实现,从此人类不再只是无助地仰望天空。飞机的发明使偌大的地球成了地球村,各国人民之间的交流变得轻松而简单,环球旅行也不再是空想。交通工具的空前发展是古代的旅行家马可·波罗、地理学家徐霞客不敢想象的。科技的发展也使得医疗有了巨大的进步。各种精密的医学仪器在对病人的诊断治疗的过程中发挥了非常大的作用,使得医生对疾病的诊断治疗更加快捷有效;器官移植技术的掌握和应用使得人类大大增强了对抗疾病的能力。所有的这一切变化表明,科技的发展已对我们的社会生活产生了巨大的影响,但是反过来说,社会生活又对科技的发展产生了巨大的反作用,社会生活的变化引起了科技的变革,促进了科技的发展。

总的来说,科技发展与社会生活是息息相关、密不可分的。我们应该热爱科学,尊重科学,努力学习科学技术,用科学技术来武装我们的头脑,具有献身科学的勇气和决心,具有用科学技术来发展全人类的博大胸怀,为促进科学技术与人类生活的共同进步而贡献自己应尽的力量。

冲刺密卷二十二号卷

一、读单音节字词（100个音节，共10分，限时3.5分钟）。请横向朗读！

筐	扰	伴	寡	晒	等	条	欢	颂	嗓
日	京	觅	焚	较	拈	束	鸟	钟	许
泪	熏	热	僧	脾	稻	儿	摸	傻	破
缠	外	规	蛋	昂	见	孔	欧	沁	抄
绵	矮	沉	辣	你	熔	滚	洁	娶	缀
馆	评	走	瞥	索	厢	允	坑	窖	内
团	汪	蚕	仿	瑟	缺	自	求	摆	达
宣	浑	远	锅	槐	充	某	拎	闭	五
恨	琼	挖	次	岭	鸭	逢	绺	迟	舱
杂	逗	虾	挪	部	排	杯	主	套	日

二、读多音节词语（100个音节，共20分，限时2.5分钟）。请横向朗读！

民俗	而且	牛仔裤	佛寺	人群	蛾子	富翁
美女	细菌	燃料	胡同儿	村庄	作品	难怪
社会学	奠定	纪律	折腾	快要	宝塔	适用
照片	广博	掠夺	全局	辨证	范围	后跟儿
优良	从来	共鸣	完成	篡改	盘算	恰好
非法	刷新	灭火	春天	手绢儿	抓紧	创伤
可以	加强	小说儿	地质	脑袋	退让	英雄

三、朗读短文（400个音节，共30分，限时4分钟）

　　自从传言有人在萨文河畔散步时无意发现了金子后，这里便常有来自四面八方的淘金者。他们都想成为富翁，于是寻遍了整个河床，还在河床上挖出很多大坑，希望借助它们找到更多的金子。的确，有一些人找到了，但另外一些人因为一无所得而只好扫兴归去。

　　也有不甘心落空的，便驻扎在这里，继续寻找。彼得·弗雷特就是其中一员。他在河床附近买了一块没人要的土地，一个人默默地工作。他为了找金子，已把所有的钱都押在这块土地上。他埋头苦干了几个月，直到土地全变成了坑坑洼洼，他失望了——他翻遍了整块土地，但连一丁点儿金子都没看见。

　　六个月后，他连买面包的钱都没有了。于是他准备离开这儿到别处去谋生。

　　就在他即将离去的前一个晚上，天下起了倾盆大雨，并且一下就是三天三夜。雨终于停了，彼得走出小木屋，发现眼前的土地看上去好像和以前不一样：坑坑洼洼已被大水冲刷平整，松软的土地上长出一层绿茸茸的小草。

"这里没找到金子，"彼得忽有所悟地说，"但这土地很肥沃，我可以用来种花，并且拿到镇上去卖给那些富人，他们一定会买些花装扮他们华丽的客厅。// 如果真是这样的话，那么我一定会赚许多钱，有朝一日我也会成为富人……"

于是他留了下来。彼得花了不少精力培育花苗，不久田地里长满了美丽娇艳的各色鲜花。

五年以后，彼得终于实现了他的梦想——成了一个富翁。"我是唯一的一个找到真金的人！"他时常不无骄傲地告诉别人，"别人在这儿找不到金子后便远远地离开，而我的'金子'是在这块土地里，只有诚实的人用勤劳才能采集到。"

——节选自陶猛译《金子》

四、命题说话（请在下列话题中任选一个，共 40 分，限时 3 分钟）

1. 我的假日生活

2. 谈谈美食

我选择的说话题目是《我的假日生活》。说起"假日生活"这个话题，我就有说不出的兴奋，因为在我看来，放假就是休息和放松，假日的时间自己可以自由支配，最重要的是可以睡懒觉，不用准时起床去赶公交车，不用准点到公司，可以一觉睡到自然醒，不用担心会不会迟到、会不会挨批，直到睡到不想睡了才起来。假日里可以约上要好的朋友，大家聊聊天，吃吃饭，运动运动，逛逛街，感觉特别自由和轻松，非常惬意。

我在假日的时候，除了保持以上说的轻松状态之外，通常会在家做一些家务。追求一个良好的生活环境，可能和我是处女座的性格有关。边听音乐边做家务是件令人放松的事。当看到收拾得整洁干净的房间时，我很有成就感，心情也会轻松愉快。做饭是我喜欢的事，平时工作日基本上都是在外面吃，也吃不到什么好的，正好在节假日可以犒劳一下自己。我很喜欢逛早市，去那里转一转，买点菜，中午做几道好菜，很开心。有时候会随意地看一些小说或者电视剧。我觉得，这些东西都是我的精神食粮，也是我娱乐的方式。你可不要以为我是个宅人，我很热衷户外活动的，和旅友们去山区徒步，露营看日出，骑行，都是常有的项目。旅途中我们聊各自的户外经历，聊各种有趣的话题和对生活的理解，一路上笑声不断。有些活动还是很有挑战性的，要么是路程比较远，要么是路途比较险；但是当看到美景的时候我就不会觉得累了，只会觉得这一路的艰辛付出是值得的。我会拍沿途的风景，把美好的风景记录下来。露营的时候我们会生起篝火、表演节目，大家一起野炊、一起做游戏。来到郊外会有完全不一样的身心体验，身体都会比在城市里更舒展，心情也会更舒畅。通过户外活动我不仅强健了身体，而且还结交了很多的朋友。

户外玩要很放松，但是家人朋友也是需要经常来往走动的。有时间我就会去亲戚家串串门，还会去乡下的奶奶家、姥姥家小住上几天，离开城市的嘈杂和浮华，与亲人们聚一聚，和他们聊聊生活，说说有趣的事。朋友也是很重要的，有时候我也会和朋友聚一聚，逛街、吃饭、聊天，聊生活，聊工作，聊社会热点，总是不会缺少话题。

我的假日生活虽然算不上五彩缤纷、丰富多彩，却是我喜欢的生活方式，舒适、自由而且有意义。工作、学习是需要我们不断付出努力的，但是追求轻松而又有意义的生活也是很必要的。让我们把自己的生活装扮起来，做一个幸福的人。

冲刺密卷二十三号卷

一、读单音节字词（100个音节，共10分，限时3.5分钟）。请横向朗读！

蕊	旗	脸	蛙	抗	癌	耕	淮	周	龄
透	磁	饼	揉	猜	拢	哭	晒	东	铁
数	谎	栓	穷	抓	详	退	坏	逛	举
雄	政	官	胁	黑	倦	苇	洽	赔	仓
愤	膜	取	槽	闰	国	吨	民	捉	爸
容	悦	灸	轰	描	秧	冷	田	影	捞
除	窍	怎	般	嗓	梅	波	承	师	谬
篇	峻	反	迪	允	赛	您	攥	扯	站
俄	镍	啃	杜	遵	案	狗	外	保	葬
盯	髓	拿	四	齿	帕	选	爵	耳	瞎

二、读多音节词语（100个音节，共20分，限时2.5分钟）。请横向朗读！

创新	混合	镇压	存在	眯缝	难受	窘迫
惨死	平日	总归	你们	线圈	商品	篡夺
亏损	科学家	预防	群众	到达	玩意儿	需求
告别	胳膊	利用	被窝儿	状况	丢掉	对偶
衰败	懊悔	能源	数量	搜查	瓜瓢儿	强化
功率	耽误	飞快	生产	教训	面条儿	了解
照射	头发	主人翁	只好	儿童	情不自禁	

三、朗读短文（400个音节，共30分，限时4分钟）

没有一片绿叶，没有一缕炊烟，没有一粒泥土，没有一丝花香，只有水的世界，云的海洋。

一阵台风袭过，一只孤单的小鸟无家可归，落到被卷到洋里的木板上，乘流而下，姗姗而来，近了，近了！……

忽然，小鸟张开翅膀，在人们头顶盘旋了几圈儿，"噗啦"一声落到了船上。许是累了？还是发现了"新大陆"？水手撵它它不走，抓它，它乖乖地落在掌心。可爱的小鸟和善良的水手结成了朋友。瞧，它多美丽，娇巧的小嘴，啄理着绿色的羽毛，鸭子样的扁脚，呈现出春草的鹅黄。水手们把它带到舱里，给它"搭铺"，让它在船上安家落户，每天，把分到的一塑料筒淡水匀给它喝，把从祖国带来的鲜美的鱼肉分给它吃，天长日久，小鸟和水手的感情日趋笃厚。清晨，当第一束阳光射进舷窗时，它便敞开美丽的歌喉，唱啊唱，嘤嘤有韵，宛如春水淙淙。人类给它以生命，它毫不悭吝地把自己的艺术青春奉献给了哺育它的人。可能都是这样？艺术家们的青春只会献给尊敬他们的人。小鸟给远航生活蒙上了一层浪漫色调。返航时，人们爱不释手，恋恋不舍地想把它带到异乡。可小鸟憔悴了，给水，不喝！喂肉，不吃！油亮的羽毛失去了光泽。是啊，我们有自己的祖国,小鸟也有它的归宿,人和动物都是一样啊,哪儿也不如故乡好!

慈爱的水手们决定放开它,让它回到大海的摇篮去,回到蓝色的故乡去。离别前,这个大自然的朋友与水手们留影纪念。它站在许多人的头上,肩上,掌上,胳膊上,与喂养过它的人们,一起融进那蓝色的画面……

——节选自王文杰《可爱的小鸟》

四、命题说话（请在下列话题中任选一个,共40分,限时3分钟）

1. 我喜爱的职业

2. 谈谈对环境保护的认识

我选择的说话题目是《我喜爱的职业》。从小我就爱玩,那时候我可以说是孩子王,经常带着几个小伙伴去田地里捉昆虫、去小河里捕鱼捉虾、去山洞森林玩各种"探险"。无论刮风下雨,我在家都是待不住的,只有野外才是我向往的世界。但是后来上初中和高中的时候,学习变得紧张了,我这颗想像小时候那样玩耍的心一直被压抑着,上了大学之后好像就被彻底解放了,这个时候我被旅行和户外运动彻底征服了。之前都是周六日和几个旅友出去玩,由于也就两天的时间,一般去的地方也只是北京周边的景点或者好玩的地方。慢慢地觉得学习和旅行真的是很难融合。

大学的时候我就考取了导游证,后来我成了一名导游员。从参加工作至今,我一直深爱着我的导游工作,虽然说我们的工作没有节假日、没有白天黑夜,也常常被人们误会,但是我依然热爱我的工作。还记得刚开始参加工作的时候,我是什么都不懂,到现在虽然有的地方还是不懂,但是导游这份工作给我带来了很多乐趣。在导游工作中我认识了很多朋友,我走遍了祖国的大好河山,我学会了待人接物,我学会了紧急应对,我学会了很多很多,这些都是在别的工作岗位上学不到的。

导游其实是一个具有多种角色的工作,讲解员、生活服务员、安全员、宣传员、联络员、炊事员,这些角色需要你都能胜任,只有这样你的工作才能做得顺利、做出成绩。我所在的旅行社在新疆,除了面向全国的景点之外,我们旅行社在新疆区内的线路有:天池风景名胜区、赛里木湖、塔里木河等。除了发展常规旅游线路外,借助新疆的沙漠、高山、河流这样的自然资源,我们还有穿越沙漠、登山、漂流、自驾等这样的特种旅游项目。这些特种旅游项目都是在野外。有时候带团走非常规线路之前我需要做很多准备工作,会做好各种危险的应急处置方案。

在旅途中,白天我需要做向导,还要为队友讲解当地的风土人情、历史变迁知识,晚上还要选择休息的营地。有时候我还要成为一名厨师,在有限的条件下,做出最有营养、最好吃的饭菜提供给队友,让他们能保持足够的体力完成探险。在旅途过程中需要不断了解队员的健康情况。离开宿营地时,我要带领工作人员掩埋垃圾。

这么多年的导游工作经历,让我深深地爱上了这个职业。无论是普通的线路还是野外穿越,只要能和游客在一起,只要能在大自然的怀抱里,我就觉得是幸福的。尽管导游的工作有点累,还有点危险性,但是我没有后悔选择导游这个职业,加入导游队伍当中我收获了很多,体验到很多。我骄傲,我是一名导游。

冲刺密卷二十四号卷

一、读单音节字词（100 个音节，共 10 分，限时 3.5 分钟）。请横向朗读！

族	瞟	谬	蕊	儿	颇	忙	许	艘	爽
荐	窄	攥	耍	陶	赏	擦	孔	忘	搏
舱	涌	踹	允	嫩	窖	如	谎	侵	底
腊	整	陈	搞	夺	返	尊	奉	憋	恰
推	盆	找	隋	阔	肥	宣	娘	卵	钳
日	弥	绢	条	挫	衰	懂	竹	岁	恩
剩	缓	赛	兵	雅	定	心	瓮	特	青
持	办	罚	日	黑	灌	总	哭	卧	死
趋	绺	栽	雷	鸥	男	君	逾	构	撅
形	滚	袜	阁	蹬	河	遍	箱	词	搔

二、读多音节词语（100 个音节，共 20 分，限时 2.5 分钟）。请横向朗读！

党委	钢铁	奇怪	口哨儿	抓紧	恶化	功能
撇开	采访	效率	完全	墨汁儿	英雄	后悔
石油	从而	疟疾	下面	濒临	眉头	丢掉
专程	帮手	脚跟	战略	夸奖	做活儿	群体
评价	仙女	村子	状态	产品	桥梁	服务员
通讯	央求	怀念	佛典	圆舞曲	内容	口袋
创造	号码儿	亏损	穷人	傲然	不可思议	

三、朗读短文（400 个音节，共 30 分，限时 4 分钟）

十年，在历史上不过是一瞬间。只要稍加注意，人们就会发现：在这一瞬间里，各种事物都悄悄经历了自己的千变万化。

这次重新访日，我处处感到亲切和熟悉，也在许多方面发觉了日本的变化。就拿奈良的一个角落来说吧，我重游了为之感受很深的唐招提寺，在寺内各处匆匆走了一遍，庭院依旧，但意想不到还看到了一些新的东西。其中之一，就是近几年从中国移植来的"友谊之莲"。

在存放鉴真遗像的那个院子里，几株中国莲昂然挺立，翠绿的宽大荷叶正迎风而舞，显得十分愉快。开花的季节已过，荷花朵朵已变为莲蓬累累。莲子的颜色正在由青转紫，看来已经成熟了。

我禁不住想："因"已转化为"果"。

中国的莲花开在日本，日本的樱花开在中国，这不是偶然。我希望这样一种盛况延续不衰。可能有人不欣赏花，但决不会有人欣赏落在自己面前的炮弹。

在这些日子里,我看到了不少多年不见的老朋友,又结识了一些新朋友。大家喜欢涉及的话题之一,就是古长安和古奈良。那还用得着问吗,朋友们缅怀过去,正是瞩望未来。瞩目于未来的人们必将获得未来。

我不例外,也希望一个美好的未来。

为 // 了中日人民之间的友谊,我将不浪费今后生命的每一瞬间。

——节选自严文井《莲花和樱花》

四、命题说话(请在下列话题中任选一个,共 40 分,限时 3 分钟)

1. 我的愿望(或理想)

2. 我喜爱的文学(或其他)艺术形式

我选择的说话题目是《我的愿望》。每个人都有自己的愿望,有的人希望将来当工程师,有的人希望当科学家,还有人希望自己能够成为创客一族的成员,而我很小时候就有一个愿望,就是长大后考上师范学校,当一名优秀的教师。

我喜欢当教师有几个原因,首先我觉得教师这个职业很神圣,我觉得做教师的最大价值在于把自己的知识传授给学生,用自己正确的人生观、价值观去引导孩子们健康成长,当看到孩子们一天一天地进步时,就会有无穷的成就感,从而实现自己的社会价值。其次当教师会有许多的业余时间,可以做自己想做的事情,比如:每年有两个假期,寒假与暑假;每周有两天休息日,我可以利用这些时间来学习、回顾或总结。此外,父母都希望我将来能有一份稳定的工作,生活不用那样奔波。

我喜欢当教师的最大的原因是受父亲的影响。父亲大学毕业后,当了一名中学教师。在我还没有出世的时候,父亲在一次整风运动中被错划成右派,被迫回到农村,一次次的上诉,都是无功而返,所以我从小就暗暗地对自己说,我长大后要当教师,实现父亲未遂的心愿。

初中毕业后,为了早点出来工作,我报考中等师范学校,我的分数超出了录取分数线不少,但因为各种原因,却没有被录取,我的愿望落空了。我的心里很难过,感觉上天是那样不公平,但在父母的鼓励下,我又恢复了自信心。之后我就上了高中,但我仍然没放弃自己的愿望,为了实现我当教师的心愿,我在学习上更加努力。在高考中我再次报考师范院校,终于以优异的成绩考上了华南师范大学,并读了自己喜欢的汉语言文学专业,这是我一生中最高兴的事。因为我多年的努力没有白费,我当教师的愿望终于要实现了。

记得第一次走上讲台的时候,我心里很激动,因为面对学生尊敬的目光时,心里很有一种自豪感。做教师,要给学生一碗水,自己必须要有一桶水,所以我在教学的同时也不断自我学习,提高自己的知识水平和教学能力。

出来工作多年了,当教师有苦也有乐,但我仍然很爱这一行,所以在工作上尽心竭力,受到上级的好评,学生也非常喜欢我。我多次被评为学校、市级优秀教师,心中有一种说不出的满足感。

我的愿望是成为一名教师,我实现了自己的愿望,我现在的职业就是教师。我无悔我的选择——一名人类灵魂的工程师。

冲刺密卷二十五号卷

一、读单音节字词（100个音节，共10分，限时3.5分钟）。请横向朗读！

渊	狭	筐	野	桃	窘	酸	忙	捅	淡
死	撞	丞	驼	偶	浓	宾	昂	鸟	昌
捆	弊	党	乎	盼	扔	流	最	秆	却
辉	彭	稳	枪	莫	揩	允	遮	穆	眯
谬	翁	府	洼	密	寨	椎	日	捐	垒
骗	草	怪	砸	氢	钾	钱	内	粉	涉
直	宝	赛	铁	兽	欺	净	辰	郡	聊
次	盆	灯	而	充	筏	科	蜡	垂	边
柔	署	寒	绕	凝	脸	怀	丰	驴	修
蛹	破	走	廷	蹿	何	匠	须	烁	银

二、读多音节词语（100个音节，共20分，限时2.5分钟）。请横向朗读！

创新	苍穹	闺女	胸骨	优良	没准儿	侵略
花瓶	另外	国王	麻烦	巍峨	妨害	送别
金丝猴	热爱	苗条	上来	夸张	水獭	顶牛儿
宣布	橡皮	调动	从此	脑袋	遵循	万岁
坎肩儿	典雅	政策	品种	山川	全身	迟到
婴儿	操纵	体育馆	会计	节约	无非	博士
恰如	做活儿	筹备	难免	人群	自力更生	

三、朗读短文（400个音节，共30分，限时4分钟）

一个大问题一直盘踞在我脑袋里：

世界杯怎么会有如此巨大的吸引力？除去足球本身的魅力之外，还有什么超乎其上而更伟大的东西？

近来观看世界杯，忽然从中得到了答案：是由于一种无上崇高的精神情感——国家荣誉感！

地球上的人都会有国家的概念，但未必时时都有国家的感情。往往人到异国，思念家乡，心怀故国，这国家概念就变得有血有肉，爱国之情来得非常具体。而现代社会，科技昌达，信息快捷，事事上网，世界真是太小太小，国家的界限似乎也不那么清晰了。再说足球正在快速世界化，平日里各国球员频繁转会，往来随意，致使越来越多的国家联赛都具有国际的因素。球员们不论国籍，只效力于自己的俱乐部，他们比赛时的激情中完全没有爱国主义的因子。

然而，到了世界杯大赛，天下大变。各国球员都回国效力，穿上与光荣的国旗同样色彩的服装。在每一场比赛前，还高唱国歌以宣誓对自己祖国的挚爱与忠诚。一种血缘情感开始在全身的血管里燃烧起来,而且立刻热血沸腾。

在历史时代,国家间经常发生对抗,好男儿戎装卫国。国家的荣誉往往需要以自己的生命去换//取。但在和平时代,唯有这种国家之间大规模对抗性的大赛,才可以唤起那种遥远而神圣的情感,那就是:为祖国而战!

——节选自冯骥才《国家荣誉感》

四、命题说话(请在下列话题中任选一个,共40分,限时3分钟)

1. 我的成长之路

2. 谈谈对环境保护的认识

我选择的说话题目是《谈谈对环境保护的认识》。环保问题在当今已成为一个人们关注的热点话题。环境被破坏得越凶猛,人们的呼声就越强烈。柴静的《苍穹之下》纪录片的发布,立刻引起了媒体和全国人民对环境保护的关注。

我们为了搞旅游开发,破坏了一片又一片保留完整的原生态自然环境;我们要搞经济建设,不断地没有节制地开采石油、煤矿等不可再生资源;我们为了寻求自己的方便,大量生产一次性饭盒、一次性筷子、一次性塑料袋……我们就生活在这样一个时代,一个高举文明、和谐旗帜的时代。我们的生活没有哪一天不在依赖高科技产品,但是在很大程度上,我们生活的进步,是以大自然的让步牺牲为代价的。

前进!前进!永不止步地前进!发展!发展!永不停息地发展!可是大地已经被我们挖掘得千疮百孔了,大量的动植物已经灭绝,更多的动植物处在濒临灭绝的边缘。

废弃物垃圾在增多,全球气温在升高,绿洲沙漠化也在加速蔓延,人类疾病的种类和治疗的难度在增加;河流在减少,可饮用的地下水在减少;每年达到优良空气质量的天数在减少,这种种的问题都在向我们发出危险的信号,我们的肆无忌惮已经让大地母亲不堪重负,千疮百孔。恶劣天气的不断造访,夏季里的强降雨淹没农田和家园,偶尔还会出现冰雹这样恶劣的天气;有些地方的严重干旱不仅导致庄稼颗粒无收,更使得人畜饮水都岌岌可危。如果再按这种速度发展下去,人类离世界末日还有多远,聪明的人类利用现代信息技术是可以精确计算的。

如今,我们国家鼓励植树造林,花费大量投资建立污水的处理厂,开始重视起"绿色"这一领域了。在市场上,凡是带有"环保""绿色"的字眼的东西,价格都要比同类商品高出许多。2008年开始实行的对塑料袋进行量的控制,并且发明并大力提倡一种方便耐用的环保袋,也是环保的有力举措。

所有的这些努力都是在问题出现后采取的措施,但我们对环境所造成的严重后果和我们进行的补救措施是完全不平衡的。我觉得我们应该要有一种民族危机意识,站在历史发展的角度,树立正确的发展观。我们是祖国事业的接班人,只有拥有一个宽广的视角,才能在做事业的时候,对于已出现的问题在宏观上进行政策上的强行实施,在微观上要求各个地区对细节去进行把握;最要紧的是对于未出现或即将出现的各种问题,进行预测分析,防患于未然。

冲刺密卷二十六号卷

一、读单音节字词（100个音节，共10分，限时3.5分钟）。请横向朗读！

旬	日	贼	骚	鳞	胀	瘫	自	旁	奥
怎	夸	彭	挂	喧	坏	吻	放	摸	候
您	株	麻	窘	擦	远	磁	贺	柔	女
招	填	羞	反	秧	恒	狗	备	耳	绒
窄	溺	髓	交	捶	妥	宋	霞	砖	齿
声	派	波	闯	蛇	哑	状	额	武	辨
吕	民	倦	顶	繁	留	晒	墙	诡	窃
金	款	白	簇	辽	伟	恋	溪	跳	肠
歪	肯	妃	井	曰	盼	允	搬	瞭	期
到	酥	钝	呈	底	挖	缓	熊	硕	根

二、读多音节词语（100个音节，共20分，限时2.5分钟）。请横向朗读！

弯曲	尾巴	价格	本领	热量	亏损	因而
大学	不用	春光	魅力	责怪	思考	小瓮儿
动作	灭亡	佛像	聪明	战略	邮戳儿	黑暗
辉煌	直接	折腾	保险	撬开	压迫	疯狂
脑子	啄木鸟	农村	贫穷	全体	军阀	人群
轻率	冒尖儿	电台	雨伞	当代	催化剂	比分
抓阄儿	宣传	爱国	浪头	昂然	如释重负	

三、朗读短文（400个音节，共30分，限时4分钟）

　　那年我六岁。离我家仅一箭之遥的小山坡旁，有一个早已被废弃的采石场，双亲从来不准我去那儿，其实那儿风景十分迷人。

　　一个夏季的下午，我随着一群小伙伴偷偷上那儿去了。就在我们穿越了一条孤寂的小路后，他们却把我一个人留在原地，然后奔向"更危险的地带"了。

　　等他们走后，我惊慌失措地发现，再也找不到要回家的那条孤寂的小道了。像只无头的苍蝇，我到处乱钻，衣裤上挂满了芒刺。太阳已经落山，而此时此刻，家里一定开始吃晚餐了，双亲正盼着我回家……想着想着，我不由得背靠着一棵树，伤心地呜呜大哭起来……

　　突然，不远处传来了声声柳笛。我像找到了救星，急忙循声走去。一条小道边的树桩上坐着一位吹笛人，手里还正削着什么。走近细看，他不就是被大家称为"乡巴佬儿"的卡廷吗？"你好，小家伙儿，"卡廷说，"看天气多美，你是出来散步的吧?"我怯生生地点点头，答道："我要回家了。"

"请耐心等上几分钟，"卡廷说，"瞧，我正在削一支柳笛，差不多就要做好了，完工后就送给你吧!"卡廷边削边不时把尚未成形的柳笛放在嘴里试吹一下。没过多久，一支柳笛便递到我手中。我俩在一阵阵清脆悦耳的笛音//中，踏上了归途……

当时，我心中只充满感激，而今天，当我自己也成了祖父时，却突然领悟到他用心之良苦！那天当他听到我的哭声时，便判定我一定迷了路，但他并不想在孩子面前扮演"救星"的角色，于是吹响柳笛以便让我能发现他，并跟着他走出困境！就这样，卡廷先生以乡下人的纯朴，保护了一个小男孩儿强烈的自尊。

——节选自唐若水译《迷途笛音》

四、命题说话（请在下列话题中任选一个，共 40 分，限时 3 分钟）

1. 我喜爱的文学（或其他）艺术形式

2. 我喜欢的节日

我选择的说话题目是《我喜爱的文学艺术形式》。我喜爱的文学艺术形式是诗歌，它和其他文学样式不同的地方在于它通过特别的表现手法表现出诗人的思想感情。所谓诗的艺术包括诗的语言、诗的表现手法、诗的韵律。当诗人被某种事物唤起感情，产生一种为联想寻找形象的冲动时，通过富有韵律的语言，把这种感情表现出来，这就产生了诗。写诗要有丰富的想象，而丰富的想象是由生活经验和丰富的知识所产生的。

诗歌从体裁上分，有旧体诗和新体诗。旧体诗里最耀眼的当数唐诗宋词，它们合称"双绝"，是中国古代文学皇冠上的两颗巨钻，是中国古代文学史上的两大高峰，是中华文明灿烂长卷中最为绚丽的华章，留下了许多不朽的传世经典。

社会生活很复杂，思想感情也很复杂，不同的社会生活赋予不同的题材和不同的思想感情，不可能只用一种形式表现，就连相同的题材和相同的思想感情也可以出现不同的表现形式。

在工作闲暇时，我会阅读背诵一些喜爱的诗词，从中感受古典诗词所蕴含的丰富情感。王维的"劝君更尽一杯酒，西出阳关无故人"，高适的"莫愁前路无知己，天下谁人不识君"让我体会到送别朋友时发自内心的真挚情谊；岑参的"北风卷地白草折，胡天八月即飞雪"，王昌龄的"青海长云暗雪山，孤城遥望玉门关"，让我感受到当时边塞生活环境的艰苦；而孟浩然的"绿树村边合，青山郭外斜"，王维的"明月松间照，青泉石上流"更让我欣赏到山水田园风光的美好；李白的"黄河之水天上来，奔流到海不复回"是如此旷达；杜甫的"朱门酒肉臭，路有冻死骨"又是那样的愤慨。

诗言志，词言情。宋词更多的是表达了词人丰富的情感世界。"胡未灭，鬓先秋，泪空流"道出了陆游莫名而来的沉郁与无奈，"大江东去，浪涛尽，千古风流人物"写出了苏轼的豪放大气，而一句"倚门回首，却把青梅嗅"则显示了词人李清照女性的细腻与温婉。这些华丽的诗词，荡涤着我的灵魂，润泽着我的情感。

新诗里我喜欢徐志摩的《再别康桥》、戴望舒的《雨巷》。而卞之琳的《断章》最让我沉醉："你站在桥上看风景，看风景的人在楼上看你。明月装饰了你的窗子，你装饰了别人的梦。"意味隽永，富含哲理。我喜欢诗歌，但愿能"诗意地栖居"，更愿"为君歌一曲，请君为我倾耳听"。

冲刺密卷二十七号卷

一、读单音节字词（100个音节，共10分，限时3.5分钟）。请横向朗读！

育	寡	莫	偿	永	冀	淮	卵	驳	嗑
涩	堵	粪	饼	砚	抵	夏	陕	酱	乔
帆	字	斟	阅	挖	怎	帽	取	撰	蹲
锤	万	腮	迟	困	伏	扔	儿	炼	明
烈	烤	偏	甲	凑	轮	扭	荣	掏	昂
拱	察	纺	捐	谷	擦	块	黑	奴	披
受	雄	恩	嚷	柴	忧	勺	搓	谓	腔
铝	锥	选	词	薰	至	光	寝	程	踩
禾	探	憎	瓢	厅	幂	王	均	某	东
级	鸟	岁	塔	多	萍	卧	北	投	雪

二、读多音节词语（100个音节，共20分，限时2.5分钟）。请横向朗读！

赶紧	必须	领海	恰当	没谱儿	窈窕	全部
绘画	挎包	栅栏	传统	作风	压力	扫帚
丢掉	虐待	火星儿	大娘	温柔	运输	确实
挨个儿	钢铁	推测	椅子	男女	外面	佛经
衰变	张罗	象征	亏损	窘迫	群体	苍穹
沉重	罪恶	主人翁	生存	萌发	而且	消费品
节日	矿产	露馅儿	高原	荒谬	司空见惯	

三、朗读短文（400个音节，共30分，限时4分钟）

　　森林涵养水源，保持水土，防止水旱灾害的作用非常大。

　　据专家测算，一片十万亩面积的森林，相当于一个两百万立方米的水库，这正如农谚所说的："山上多栽树，等于修水库。雨多它能吞，雨少它能吐。"

　　说起森林的功劳，那还多得很。它除了为人类提供木材及许多种生产、生活的原料之外，在维护生态环境方面也是功劳卓著。它用另一种"能吞能吐"的特殊功能孕育了人类。因为地球在形成之初，大气中的二氧化碳含量很高，氧气很少，气温也高，生物是难以生存的。大约在四亿年之前，陆地才产生了森林。森林慢慢将大气中的二氧化碳吸收，同时吐出新鲜氧气，调节气温：这才具备了人类生存的条件，地球上才最终有了人类。

　　森林，是地球生态系统的主体，是大自然的总调度室，是地球的绿色之肺。森林维护地球生态环境的这种"能吞能吐"的特殊功能是其他任何物体都不能取代的。然而，由于地球上的燃烧物增多，二氧化碳的排放量急剧增加，使得地球生态环境急剧恶化，主要表现为全球气候变暖，水分蒸发加快,改变了气流的循环,使气候变化加剧,从而引发热浪、飓风、暴雨、洪涝及干旱。

　　为了//使地球的这个"能吞能吐"的绿色之肺恢复健壮,以改善生态环境,抑制全球变暖,减少水旱等自然灾害,我们应该大力造林、护林,使每一座荒山都绿起来。

——节选自《中考语文课外阅读试题精选》中《"能吞能吐"的森林》

四、命题说话(请在下列话题中任选一个,共40分,限时3分钟)

1. 我的朋友

2. 我喜欢的明星(或其他知名人士)

　　我选择的说话题目是《我的朋友》。朋友是严寒冬季的一个暖炉,温暖我内心每一个寒冷的角落;朋友是平凡日子里的一本好书,清晰地为我记载着生命的感动。生活中每个人都需要朋友,而我今天要说的这个我非常要好的朋友是我的大学同学——秦枫,一个与我同龄的好兄弟。

　　大学的时候我们专业有一百多人,大一刚开始我们并不是很熟悉。我们熟悉起来是在一次我们专业为参加校辩论大赛选拔辩手的辩论赛上,当时他是另外一方的辩手。他个子不高,身高中等,头上顶着很久没有好好打理的头发。一开始他没给我留下很深的印象,但是在辩论赛开始的时候,他的开篇陈述很成功。在整个辩论的过程中他的表现非常好,思路清晰,用词准确,论述有理有据,语言诙谐又有说服力。他的表现给了我很大的压力。辩论赛之后我们的交往才开始。

　　我们慢慢熟悉起来,一段时间后我才知道他来自一个特殊的家庭,妈妈很早就去世了,爸爸可能是受了打击,后来也不知去向。这个时候他正在上初中,除了一个年岁已高的奶奶和一个远在广州的姐姐,他再也没有别的亲人了。初中、高中这两个阶段他都是靠着学校和政府的帮助才完成学习的。和他在一起的时候我能感受到他家人的离开对他的影响,他不乐观,比较沉闷,比较喜欢一个人独处。在生活中我们凑在一起的时间比较多,我就鼓励他,给他讲一些事情让他能开朗起来。平时只要我有活动,比如出去打球、逛街、喝酒吃饭、唱歌,都会叫上他。可能是大学活跃的氛围的原因,也可能是他真的改变了一些认识,他慢慢地变得开朗起来,经常参加一些学校的活动。他的改变也让我们的共同点多了起来,也能聊在一起玩在一起。我们也会聊大学生活的无聊,也会聊人生,聊社会,等等。我们会一起跑步,一起去上网,一起去登山。

　　大学毕业之后我们在不同的城市,他到不同的地方工作过。他告诉过我在外漂泊的不易,后来我建议他回自己家所在的城市发展,刚开始他还不愿意,说家里没有亲人,在哪儿都是一样。我告诉他,老家是生你养你的地方,是一个对你有感情的地方,是一个有温度的地方,后来他还是接受了我的建议。

　　现在虽然我们见面的机会很少,有时候两年都没有见一次面的机会,但是我们打电话比较多,每次都能聊很多,有开心的也有担心的,有纠结的也有漫不经心的,总之也就工作、生活的那些事。其实这就是一种牵挂,虽然只是四年大学生活的朋友,但是我们彼此把对方当成了亲人。我们经常会互相问候,关心着彼此的生活。

　　我觉得对于真正的朋友,彼此是不需要刻意付出的,对待对方就像对待自己一样简单、真实,只是心与心的贴近就是最好的保持友谊温度的方法,这样才能让友谊地久天长。

冲刺密卷二十八号卷

一、读单音节字词（100个音节，共10分，限时3.5分钟）。请横向朗读！

爸	炯	牛	请	娘	出	特	某	烧	点
钧	惹	自	允	儿	粒	癣	尊	苇	钟
屡	盯	呕	眶	淤	环	孙	劳	荒	神
站	果	氨	塔	旺	绞	跪	弥	猜	繁
日	图	烷	池	藻	用	海	浓	新	蝇
筑	棚	辩	灰	鼻	镇	叨	次	乖	内
膜	炒	派	诀	犬	频	爽	晨	刷	绺
纹	挎	肥	缺	软	窃	苍	纵	锡	雅
性	诚	腔	裂	鳃	逢	颇	灌	翁	索
兼	洒	防	涩	甩	辙	古	旁	冀	蜗

二、读多音节词语（100个音节，共20分，限时2.5分钟）。请横向朗读！

阔气	拼凑	画卷	谬论	下降	周岁	凶恶
膏药	怀抱	服务员	生产	创伤	手工业	穷困
外面	在哪儿	仍然	打铁	抓获	月份	挨个儿
水鸟	症状	进口	从而	训练	明白	算盘
说法	淘汰	纯粹	佛寺	恰当	完美	增添
人群	男女	谅解	脑子	一致	领袖	记事儿
侵略	客厅	不许	波动	配合	胆囊	胡同儿

三、朗读短文（400个音节，共30分，限时4分钟）

我们在田野散步：我，我的母亲，我的妻子和儿子。

母亲本不愿出来的。她老了，身体不好，走远一点儿就觉得很累。我说，正因为如此，才应该多走走。母亲信服地点点头，便去拿外套。她现在很听我的话，就像我小时候很听她的话一样。这南方初春的田野，大块小块的新绿随意地铺着，有的浓，有的淡，树上的嫩芽也密了，田里的冬水也咕咕地起着水泡。这一切都使人想着一样东西——生命。我和母亲走在前面，我的妻子和儿子走在后面。小家伙突然叫起来："前面是妈妈和儿子，后面也是妈妈和儿子。"我们都笑了。

后来发生了分歧：母亲要走大路，大路平顺；我的儿子要走小路，小路有意思。不过，一切都取决于我。我的母亲老了，她早已习惯听从她强壮的儿子；我的儿子还小，他还习惯听从他高大的父亲；妻子呢，在外面，她总是听我的。一霎时我感到了责任的重大。我想找一个两全的办法，找不出；我想拆散一家人，分成两路，各得其所，终不愿意。我决定委屈儿子，因为我伴同他的时日还长。我说："走大路。"

但是母亲摸摸孙儿的小脑瓜儿，变了主意："还是走小路吧。"她的眼随小路望去：那里有金色的菜花，两行整齐的桑树，//尽头一口水波粼粼的鱼塘。"我走不过去的地方，你就背着我。"母亲对我说。

这样，我们在阳光下，向着那菜花、桑树和鱼塘走去。到了一处，我蹲下来，背起了母亲；妻子也蹲下来，背起了儿子。我和妻子都是慢慢地，稳稳地，走得很仔细，好像我背上的同她背上的加起来，就是整个世界。

——节选自莫怀戚《散步》

四、命题说话（请在下列话题中任选一个，共40分，限时3分钟）

1. 难忘的旅行

2. 我的成长之路

我选择的说话题目是《难忘的旅行》。我一直都很喜欢历史，对于初、高中历史书上的历史事件历史人物，我都很了解，同时我还看了很多课外的历史题材的书。所以对于历史文化名城比如南京、北京、成都、洛阳、开封等，我一直都很向往。我一直想带着一颗崇敬的心去这些城市寻访历史的痕迹，感受曾经辉煌的历史赋予这些城市的魅力。

这个梦想去年终于实现了，我和几个好朋友一起去了西安。到达西安的第一天我们稍做休整，就马不停蹄地参观世界上保存最完好的古城墙——明城墙。城墙是保护城池用的，城墙外面就是护城河，护城河深十几米，是护城的第一道防线。要想通过护城河，非常困难，必须让城里的士兵放下吊桥，通过吊桥才能进入城门。城墙长好几十公里，面积多达十平方公里。为了抵御外来的侵略者，每隔几米就有一个垛口。城墙上的士兵，随时可以通过垛口观察到城墙外的情况，一旦有侵略者入侵，必要的时候，可以动用城墙上的大炮进行还击。我站在城墙上，感慨万分：西安古城墙象征着中华民族的文明和智慧，古代人民是多么聪明呀！

第二天，我们去了陕西历史博物馆，在博物馆我真的受到很大的震撼。秦、汉、唐时期我们先进的生产力，先进的灌溉技术，造就了农业文明，养育了众多的华夏儿女。当我看到兵马俑时，不由感叹当时秦国强盛的军力和先进的军事武器，比如战车、弓弩、剑等。在博物馆里我还看到了秦、汉、唐多彩的文化，如陶瓷、丝绸、茶叶等，还有佛教的盛行给当时社会面貌带来的改变。在这里我感受到了我们曾经无比辉煌的历史；在这里我的大脑得到了洗礼，我的整个历史观得到了重新梳理。我很想再次能去陕西博物馆寻找那种让人热血沸腾的感觉。

第三天我们还参观了著名的华清池，华清池坐落在临潼，是唐朝皇帝唐玄宗为他的爱妃杨贵妃专门修建的园林。里面最著名的是温泉浴室，专门供杨贵妃沐浴。那里的水是温泉，常年保持在四十度。经多国的科学家化验，水里富含几十种矿物质，而且水中无杂质，拿来就可以喝。最有特点的一座建筑就是贵妃沐浴完后的更衣室了，因为那时没有保暖设备，所以他们想出了一个办法，就是在房间里放一个大火盆，起到取暖的作用。华清池是中外游客游览的一个重要景点。很多国家元首到西安访问都去华清池参观。

在短短几天的旅游中，我心中不禁想起了中华上下五千年经历的风风雨雨。中国在汉唐时期就是非常强盛的国家，创造了许多举世瞩目的文明，这让我对古人的智慧和勤劳肃然起敬。我为我们曾经的辉煌感到骄傲，为我是一个中国人而感到自豪。这就是我的一次难忘的旅行。

扫码听范读

冲刺密卷二十九号卷

一、读单音节字词（100 个音节，共 10 分，限时 3.5 分钟）。请横向朗读！

急	激	艇	腻	裹	外	妈	酿	盘	衬
暖	录	丢	唤	棕	驾	仍	毁	曰	四
硅	乱	颠	牛	晒	眨	寸	取	立	蕊
材	讨	咂	旺	守	仓	苯	设	贫	双
日	咸	谎	钩	匹	膜	她	词	僧	罗
翻	寝	蒜	穷	对	允	台	押	做	津
扣	瞥	雄	叠	镁	轮	敢	牵	寡	波
苦	堂	抚	招	肥	踹	脂	鸣	疆	穴
掉	熏	昂	并	桥	癣	快	袄	虹	鞭
导	蛙	耳	苑	贼	春	禾	苗	橘	怎

二、读多音节词语（100 个音节，共 20 分，限时 2.5 分钟）。请横向朗读！

也许	客观	战略	时光	亏损	赞成	佛经
拥有	香肠儿	应酬	夸张	骚扰	风格	从而
打盹儿	强烈	聋子	排斥	状况	玩耍	民族
婢女	难怪	摧残	老虎	窘迫	被窝儿	全体
觉悟	妥当	情怀	恶化	面条儿	群众	恰好
公司	柔软	卫生	活塞	配偶	主人翁	细菌
地下水	门票	整修	厌倦	粮食	内在	来宾

三、朗读短文（400 个音节，共 30 分，限时 4 分钟）

我在俄国见到的景物再没有比托尔斯泰墓更宏伟、更感人的。

完全按照托尔斯泰的愿望，他的坟墓成了世间最美的，给人印象最深刻的坟墓。它只是树林中的一个小小的长方形土丘，上面开满鲜花——没有十字架，没有墓碑，没有墓志铭，连托尔斯泰这个名字也没有。

这位比谁都感到受自己的声名所累的伟人，却像偶尔被发现的流浪汉，不为人知的士兵，不留名姓地被人埋葬了。谁都可以踏进他最后的安息地，围在四周稀疏的木栅栏是不关闭的——保护列夫·托尔斯泰得以安息的没有任何别的东西，唯有人们的敬意；而通常，人们却总是怀着好奇，去破坏伟人墓地的宁静。

这里，逼人的朴素禁锢住任何一种观赏的闲情，并且不容许你大声说话。风儿俯临，在这座无名者之墓的树木之间飒飒响着，和暖的阳光在坟头嬉戏；冬天，白雪温柔地覆盖这片幽暗的土地。无论你在夏天或冬天经过这儿，你都想象不到，这个小小的、隆起的长方体里安放着一位当代最伟大的人物。

然而,恰恰是这座不留姓名的坟墓,比所有挖空心思用大理石和奢华装饰建造的坟墓更扣人心弦。在今天这个特殊的日子里,//到他的安息地来的成百上千人中间,没有一个有勇气,哪怕仅仅从这幽暗的土丘上摘下一朵花留作纪念。人们重新感到,世界上再没有比托尔斯泰最后留下的、这座纪念碑式的朴素坟墓,更打动人心的了。

——节选自[奥]茨威格《世间最美的坟墓》,张厚仁译

四、命题说话(请在下列话题中任选一个,共40分,限时3分钟)

1. 童年的记忆

2. 谈谈服饰

我选择的说话题目是《童年的记忆》。童年是一段无忧无虑的美好时光,在这段时间里有受了委屈的哭泣声,有和一群小伙伴玩耍时开心的笑声,也有做了"坏事"怕爸妈知道的担惊受怕,也有得到了一点表扬后的自吹自擂……无论童年的我们做过什么,有什么样的喜怒哀乐,现在想想总让我们感到美好、快乐、幸福。

我记得,小学的时候,我们学校有一面上面写满了一排排歪歪扭扭、密密麻麻的文字和图画的墙。每个人都喜欢把自己会写的字写上去,而且在后面写上自己的名字,还争先恐后地要当老师教别的小朋友认字。每当自己是老师的时候就会很骄傲,很自豪。还记得学校门口的小店,放学后总是挤满了孩子,手里抓着一点钱,认真地思考要买什么东西,想着小店里还有什么东西是自己没有吃过的。但一般情况是还没等自己想清楚呢,看着买好的小朋友都已经走了,自己就会随便拿上一点就跑走了。现在想想当时的小食品,真是很怀念。还记得被老师罚站后的哭泣。每当作业没写好,或是和小朋友闹矛盾,我总是会被老师罚站。而自己总是为这样的小事而哭鼻子,而且哭的声音还很大,总觉得老师听到后自己就会得到怜悯,后来发现老师根本不理我时也就渐渐地不哭了,而是站在外面看风景了。

小时候学骑自行车是件快乐而又痛苦的事情。放学后,总会选择一块场地或者一条没有人的道路学习骑自行车。因为个子比较低,初学时骑车技术也不是很好,自行车总是摆来摆去的,但自己还总爱把车骑得很快,因为有一种飞起来的感觉,有时还会两手松开车把体验一下。不过,从车上摔下来的概率是很高的,当时经常把身上摔得青一块紫一块。

爱吃糖是我童年最大的爱好之一。因为担心我长蛀牙,妈妈从不让我吃很多的糖,于是她就把糖果放在最高的那个柜子里。而我就天天想着在他们外出的时候用什么样的方法才可以拿到糖果,结果有一次,我竟然把那个柜子拉倒了,还好自己没有被压在下面,妈妈也被吓了一跳。但从那以后,我就可以随便吃糖果了。

荡秋千是每个小朋友爱玩的游戏,很多小朋友围着它,我们都急切地盼望着能坐上去,每一次荡高都伴着一声声开怀的欢笑,随风飘散在空中。跳皮筋也是很好玩的游戏,一根破旧的皮筋,伴着简单悦耳的童谣,我们欢乐地蹦着跳着。

童年的记忆是美好的,每个人的童年都不同,但相同的是它永远是我们一生中最快乐、最无忧无虑、最值得怀念的一段日子。

冲刺密卷三十号卷

一、读单音节字词（100个音节，共10分，限时3.5分钟）。请横向朗读！

软	清	柳	箧	身	肿	堆	放	湖	裂
桃	赠	摔	甲	胎	嫩	垂	厅	霖	堤
掠	移	军	惹	循	该	每	脱	齿	遵
滑	滚	库	窘	蚕	渺	趁	牛	驻	俞
首	磁	典	肠	酚	粤	畦	促	悬	耳
双	反	财	侵	盟	瞎	死	撑	老	桑
团	兄	巧	州	端	香	文	闭	槽	魔
疤	准	拿	配	炎	绢	瞭	日	鸥	葬
碑	到	萍	外	寡	醉	偏	握	迁	谎
破	砍	位	扬	矩	额	三	晒	荣	寇

二、读多音节词语（100个音节，共20分，限时2.5分钟）。请横向朗读！

总理	妇女	风筝	镇压	傀儡	夸张	传播
小瓮儿	灯光	奔跑	境界	柔顺	冒尖儿	公元
质量	挫折	搜索	法西斯	红娘	测定	人群
奥秘	打嗝儿	进去	村庄	包含	怀念	关卡
先生	费用	贫穷	佛学	差别	作坊	然而
撇开	安全	录音机	虐待	谬误	痛快	运行
钢铁	课堂	玩耍	丢失	领子	创作	碎步儿

三、朗读短文（400个音节，共30分，限时4分钟）

　　泰山极顶看日出，历来被描绘成十分壮观的奇景。有人说：登泰山而看不到日出，就像一出大戏没有戏眼，味儿终究有点儿寡淡。

　　我去爬山那天，正赶上个难得的好天，万里长空，云彩丝儿都不见。素常，烟雾腾腾的山头，显得眉目分明。同伴们都欣喜地说："明天早晨准可以看见日出了。"我也是抱着这种想头，爬上山去。

　　一路从山脚往上爬，细看山景，我觉得挂在眼前的不是五岳独尊的泰山，却像一幅规模惊人的青绿山水画，从下面倒展开来。在画卷中最先露出的是山根底那座明朝建筑岱宗坊，慢慢地便现出王母池、斗母宫、经石峪。山是一层比一层深，一叠比一叠奇，层层叠叠，不知还会有多深多奇。万山丛中，时而点染着极其工细的人物。王母池旁的吕祖殿里有不少尊明塑，塑着吕洞宾等一些人，姿态神情是那样有生气，你看了，不禁会脱口赞叹说："活啦。"

　　画卷继续展开，绿荫森森的柏洞露面不太久，便来到对松山。两面奇峰对峙着，满山峰都是奇形怪状的老松，年纪怕都有上千岁了，颜色竟那么浓，浓得好像要流下来似的。来到这儿，你不妨权当一次画里的写意人物,坐在路旁的对松亭里,看看山色,听听流//水和松涛。

一时间,我又觉得自己不仅是在看画卷,却又像是在零零乱乱翻着一卷历史稿本。

——节选自杨朔《泰山极顶》

四、命题说话(请在下列话题中任选一个,共40分,限时3分钟)

1. 我喜欢的季节(或天气)

2. 我和体育

我选择的说话题目是《我和体育》。我从小就不太喜欢体育,并非是我不喜欢运动。每次上体育课我都很兴奋,而且对于老师安排的运动项目,也都积极地参加。但是,由于我从小缺乏锻炼,所以,每次的体育达标都很难,渐渐地,每次上体育课,心里是既欢喜又害怕,欢喜是因为上体育课就不用待在沉闷的教室里,可以出去玩;害怕的是进行体育达标测试,要是动真格的我就不行了。

毕业后我做了一名老师,常常鼓励孩子们积极地去参加体育运动,这样不但可以锻炼身体,而且可以培养他们对体育的兴趣。所以,每次学校举行体育比赛,我就会多让一些同学去参加,给他们一些机会。每天课间操时间,我会坚持督促每一位孩子按时到操场上去。而我,也会积极参加我们学校组织的体育活动。有一次,学校举行拔河比赛,每个办公室都会派人参加,虽然我气力不是特别大,但我还是报名了。平时课间我和其他老师切磋拔河取胜的技巧,还专门购买了一双防滑效果好的球鞋,一切准备就绪,就等比赛时间的快点来到。终于到了比赛的这一天,操场上围满了观看的各年级的孩子,到了我们办公室选手上场了,我们身穿运动衣,脚穿防滑效果好的运动鞋,雄赳赳气昂昂地来到了比赛场地。粗粗的绳子紧握在手中,我们摆好了姿势,喊了口号。只听裁判一声哨响,比赛开始了。突然感觉这绳子太沉了,我们紧闭双唇,大气也不敢出,使劲地向后拔,看着中间飘动的红绸带左右摇摆,心也随着怦怦直跳。最后,对方是越战越勇,而我们已是筋疲力尽,对方一个猛拉,"呼啦"一声我们全部歪倒在地,最后结果1:3,我们只获得了年级三等奖。成绩不是很理想,而且第二天我的腰、背和腿都是又疼又酸,但是心中这份参与的兴奋却是无法比拟的。

随着年龄的增长,工作的繁忙,我也越来越体会到体育锻炼的重要性。于是,周末有时间就会带着家人去爬山,去郊区县骑行;平日里下班了会在学校的操场上跑步;每天晚饭后,我基本上都会带着孩子在小区里散步。有空的时候我还会带孩子到体育场去玩,那里有很多的体育健身器材,孩子既玩得高兴又可以锻炼身体,真是一个好去处啊!而我在和孩子玩的过程中,也可以进行体育锻炼,感觉也很轻松。

其实体育是每个人一生都需要的,体育运动是放松和锻炼身体的好方法,同时也是一种良好的生活方式。希望大家都能在体育运动中感受到快乐,收获到健康。

冲刺密卷三十一号卷

一、读单音节字词 (100个音节,共10分,限时3.5分钟)。请横向朗读!

丰	迭	庚	咬	插	势	颇	扛	嘴	膜
昭	赛	高	裙	恐	麻	竖	德	许	团
撂	远	非	货	瞥	滑	僵	杂	败	峦
隶	盆	歪	略	拐	贼	粉	丢	案	征
草	君	卤	嫡	烤	阳	举	翁	囊	醋
址	妙	襄	鼾	爽	昧	盒	歹	匣	二
瓶	吞	耍	弦	土	次	星	水	鳖	兽
梭	犬	溶	医	瘸	霸	松	耐	鹅	既
凡	蠢	内	编	朽	涡	斩	掐	艇	肉
藤	仲	丑	字	床	晋	挥	弱	扯	用

二、读多音节词语 (100个音节,共20分,限时2.5分钟)。请横向朗读!

节日	无穷	半导体	佛寺	红娘	引起	率领
叫好儿	稳定	英雄	电压	转弯	矿产	热爱
上层	光泽	增长	怀孕	翅膀	家乡	拉链儿
荒谬	尾随	胚胎	发票	卓越	深奥	袜子
村庄	而且	寡妇	哲学	南北	邮戳儿	亏损
人民	胡萝卜	抖擞	乾坤	共同	疲倦	针鼻儿
绝对	宣传	少女	采访	嫩绿	名堂	迅速

三、朗读短文 (400个音节,共30分,限时4分钟)

享受幸福是需要学习的,当它即将来临的时刻需要提醒。人可以自然而然地学会感官的享乐,却无法天生地掌握幸福的韵律。灵魂的快意同器官的舒适像一对孪生兄弟,时而相傍相依,时而南辕北辙。

幸福是一种心灵的震颤。它像会倾听音乐的耳朵一样,需要不断地训练。

简而言之,幸福就是没有痛苦的时刻。它出现的频率并不像我们想象的那样少。人们常常只是在幸福的金马车已经驶过去很远时,才拣起地上的金鬃毛说,原来我见过它。

人们喜爱回味幸福的标本,却忽略它披着露水散发清香的时刻。那时候我们往往步履匆匆,瞻前顾后不知在忙着什么。

世上有预报台风的,有预报蝗灾的,有预报瘟疫的,有预报地震的。没有人预报幸福。

其实幸福和世界万物一样,有它的征兆。

幸福常常是朦胧的,很有节制地向我们喷洒甘霖。你不要总希望轰轰烈烈的幸福,它多半只是悄悄地扑面而来。你也不要企图把水龙头拧得更大,那样它会很快地流失。你需要静静地以平和之心,体验它的真谛。

幸福绝大多数是朴素的。它不会像信号弹似的,在很高的天际闪烁红色的光芒。它披着本色的外//衣,亲切温暖地包裹起我们。

幸福不喜欢喧嚣浮华,它常常在暗淡中降临。贫困中相濡以沫的一块糕饼,患难中心心相印的一个眼神,父亲一次粗糙的抚摸,女友一张温馨的字条……这都是千金难买的幸福啊。像一粒粒缀在旧绸子上的红宝石,在凄凉中愈发熠熠夺目。

——节选自毕淑敏《提醒幸福》

四、命题说话(请在下列话题中任选一个,共40分,限时3分钟)

1. 我的家乡(或熟悉的地方)

2. 我喜爱的书刊

我选择的说话题目是《我的家乡》。我的家乡是个美丽富饶的地方。一想起我的家乡安徽,就使我心潮澎湃,久久不能平静。我在家乡度过了天真烂漫的童年,那里的一草一木、一山一石都是我最好的朋友。

我的家乡安徽处在我们国家的中东部,有长江、淮河滋养着家乡人民。家乡风景秀丽,文化底蕴深厚,物产丰富。说到家乡的风景名胜,让我无比自豪的是有着"天下第一奇山"美称,也是世界地质公园的黄山。黄山向来有"五岳归来不看山,黄山归来不看岳"的美誉。黄山有东岳泰山的雄伟,西岳华山的险要,南岳衡山的秀美,北岳恒山的幽深,中岳嵩山的峻峭。黄山的景点有五绝——奇松、怪石、云海、温泉、冬雪,真的是美景如画,让人如痴如醉。当年小平同志登黄山时,就曾经对黄山的美赞叹不已。家乡的九华山不仅风景秀丽而且还是佛教圣地,真可谓文化底蕴深厚。

我的家乡物产丰富,安徽北部是平原,主产小麦、大豆、花生、玉米等作物。安徽的中部有长江穿过,长江两岸是鱼米之乡,盛产稻米、油菜籽,还盛产螃蟹、小龙虾、鱼类等。安徽的南部最美的农业景观就是油菜花了。每年的三月份,北方还没有走出冬天的身影,南方却已春暖花开,春意盎然。每年,皖南的油菜花都会引来全国各地的大批游客前来参观旅游。

俗话说,一方水土养一方人,的确如此。徽山皖水养育了安徽人,而安徽人则创造了灿烂的徽文化。安徽不仅是钟灵毓秀之地,更是文化艺术之乡。淮河没有黄河有名,然而淮河文明却丝毫不逊色。在很久以前,淮河独流入海,尾闾通畅,淮河流域一直是中国最富庶的地方,至今,民间还流传着"走千走万,不如淮河两岸"的古老民谣。

安徽南部的皖南徽派建筑也是我们家乡的代表。徽派建筑集聚徽州山川风景的灵气,融合汉族风俗文化的精华,风格独特,结构严谨,雕镂精湛,不论是村镇规划构思,还是平面及空间处理、建筑雕刻艺术的综合运用,都充分体现了鲜明的地方特色,尤以民居、祠堂和牌坊最为典型,被誉为徽州古建三绝,为中外建筑界所重视和叹服。徽派建筑不仅体现了当地的民风民俗,同时它的气势和精美也表现出了当时徽商的辉煌。

这就是我的家乡,生我养我的地方。千言万语表达不尽她的美丽,她的博大。我爱我的家乡。

冲刺密卷三十二号卷

一、读单音节字词（100个音节，共10分，限时3.5分钟）。请横向朗读！

锅	兑	挺	休	缴	朱	循	榜	弗	彼
捏	廊	茬	搜	褶	挖	谎	投	举	晒
砍	耐	夺	信	稿	啼	粪	存	列	虫
窖	蒜	耍	略	江	码	颇	闯	恩	首
缺	末	巅	阳	遵	媚	婚	磁	巴	旁
底	抓	自	擒	远	绕	喊	用	掐	值
敲	蛾	筐	雅	铭	闹	评	善	汞	时
叶	搭	讽	埠	扔	团	乖	渺	群	件
摧	嗓	楼	卧	贼	逆	亡	根	泵	儒
选	而	柳	震	惊	骗	升	怀	票	吕

二、读多音节词语（100个音节，共20分，限时2.5分钟）。请横向朗读！

胸口	爆炸	儿童	衰竭	温柔	民歌	乐曲
冠军	傲慢	飞快	做活儿	配偶	农产品	柜子
语法	得到	凄凉	妓女	佛寺	方向盘	改编
清楚	状态	日益	画面	无穷	疲倦	黑人
鲁莽	谬论	深层	顶牛儿	在乎	本领	完全
苍蝇	豪爽	虽然	下等	财政	夸张	小瓮儿
维持	中学	亏损	运动	铁索	掉价儿	传播

三、朗读短文（400个音节，共30分，限时4分钟）

在里约热内卢的一个贫民窟里，有一个男孩子，他非常喜欢足球，可是又买不起，于是就踢塑料盒，踢汽水瓶，踢从垃圾箱里拣来的椰子壳。他在胡同里踢，在能找到的任何一片空地上踢。

有一天，当他在一处干涸的水塘里猛踢一个猪膀胱时，被一位足球教练看见了。他发现这个男孩儿踢得很像是那么回事，就主动提出要送给他一个足球。小男孩儿得到足球后踢得更卖劲了。不久，他就能准确地把球踢进远处随意摆放的一个水桶里。

圣诞节到了，孩子的妈妈说："我们没有钱买圣诞礼物送给我们的恩人，就让我们为他祈祷吧。"

小男孩儿跟随妈妈祈祷完毕，向妈妈要了一把铲子便跑了出去。他来到一座别墅前的花园里，开始挖坑。

就在他快要挖好坑的时候，从别墅里走出一个人来，问小孩儿在干什么，孩子抬起满是汗珠的脸蛋儿,说:"教练,圣诞节到了,我没有礼物送给您,我愿给您的圣诞树挖一个树坑。"

教练把小男孩儿从树坑里拉上来,说,我今天得到了世界上最好的礼物。明天你就到我的训练场去吧。

三年后,这位十七岁的男孩儿在第六届足球锦标赛上独进二十一球,为巴西第一次捧回了金杯。一个原//来不为世人所知的名字——贝利,随之传遍世界。

——节选自刘燕敏《天才的造就》

四、命题说话(请在下列话题中任选一个,共40分,限时3分钟)

1. 我的学习生活

2. 我喜欢的明星(或其他知名人士)

我选择的说话题目是《我喜欢的明星》。我喜欢的明星很多,但我都喜欢得很理性。我只是喜欢他们身上的某一点,也正是那一点深深地打动了我,值得我去深思。

我喜欢韩寒,第一次接触韩寒是通过他的小说《通稿2003》,特别喜欢他那冷幽默风格的文笔,以及他那敢言敢写的直率性格。但是,我想有时锋芒毕露未必是件好事,韩寒能有这个魄力站在浪尖之上,真是"80后"的楷模。

我还喜欢郭敬明,喜欢郭敬明,全是因为他那份伤感的文字。他的文字常常能让我觉得有另外一个人和我产生了共鸣,仿佛把我的心看得很透彻。看他的小说,纸巾是必备品。至今记忆犹新的是看《悲伤逆流成河》时,我曾多次放下书本泣不成声。那曲折的情节,那揪心的文字,那凄美的人物形象,无一不狠狠地抓住我的心。

我喜欢张爱玲和三毛的一些书,我对这两个神秘而又美丽的女子产生了浓厚的兴趣,尤其是三毛在撒哈拉沙漠的经历以及她和荷西的感情生活,让我对她很是佩服。她是一个真性情的女子,率真单纯,敢爱敢恨,活得非常自然优雅。张爱玲则是一个少见的才女,她瑰丽的文字,独特的构思角度,冷眼看世界的清醒,让人不由得会沉浸到她的世界中;她与众不同的出身和经历更让人对她产生一分好奇,而她自始至终保持的高贵,又让人产生深深的叹息。

还有个才女也是我所关注和喜欢的,那就是林徽因。她的美貌和才华、她的精明和能干、她的浪漫和多情都是那么吸引人。与美丽相辅相成的,自然是她过人的才气。林徽因是在中国的文艺复兴时期脱颖而出的一位多才多艺的人,她在诗歌、小说、散文、戏剧等方面也都有骄人的成绩。林徽因的聪明和高傲隔绝了她和一般人的距离……绝顶聪明,又有一副赤热的心肠,性子直,好强,几乎妇女全把她当作仇敌。林徽因的一生经历高低起伏:出身名门,经历繁华,被众人称美的是她;战争期间繁华落尽困居李庄,中年时一贫如洗、疾病缠身的也是她。

随着年龄的增长,我发现自己越来越喜欢周恩来,看了很多关于他的书籍文献,觉得他的修养、他的学识、他为人处世的友善和周到,让人望尘莫及。他是中国人民的好总理,他为了国家和人民呕心沥血、鞠躬尽瘁、死而后已;他也是我们国家杰出的政治家,他能够妥善处理国内和国际的政治问题,包括民族问题、领土问题、政策问题等。

还有许多让我喜欢的知名人士,他们各有各的优点。正是这些知名人士伴随了我们的成长,给我们指引着奋斗的方向。

冲刺密卷三十三号卷

一、读单音节字词（100个音节，共10分，限时3.5分钟）。请横向朗读！

连	搜	反	嗑	抠	葬	霞	许	氨	用
堵	门	偏	绒	括	均	恰	草	臣	寡
洋	法	勿	买	胸	舔	翔	矢	蜂	根
波	日	版	锈	软	踢	螯	拟	吊	词
唤	流	涮	情	怪	整	群	搓	抬	弓
北	弥	聚	抓	册	戳	内	肿	贼	漏
光	而	闯	丝	恨	远	庞	倦	引	队
挺	速	袍	柯	取	撅	房	孙	蝶	彻
碱	蹬	吮	猴	鲁	义	兵	瘤	辉	您
耕	劳	标	伟	条	骂	歪	牛	莫	咱

二、读多音节词语（100个音节，共20分，限时2.5分钟）。请横向朗读！

规矩	作家	核算	战略	增强	谩骂	细菌
篡改	火锅儿	履行	魅力	英雄	穷尽	飞船
动画片	丧失	钟表	衰弱	拳头	红娘	美妙
腐朽	医院	政委	确定	从此	天鹅	因而
贫困	脖颈儿	尿素	节日	有趣	爽朗	来往
认真	稳当	寻找	热爱	分裂	葡萄糖	报酬
黑暗	门口儿	拍子	不快	吹奏	典雅	大槐儿

三、朗读短文（400个音节，共30分，限时4分钟）

　　我为什么非要教书不可？是因为我喜欢当教师的时间安排表和生活节奏。七、八、九三个月给我提供了进行回顾、研究、写作的良机，并将三者有机融合，而善于回顾、研究和总结正是优秀教师素质中不可缺少的成分。

　　干这行给了我多种多样的"甘泉"去品尝，找优秀的书籍去研读，到"象牙塔"和实际世界里去发现。教学工作给我提供了继续学习的时间保证，以及多种途径、机遇和挑战。

　　然而，我爱这一行的真正原因，是爱我的学生。学生们在我的眼前成长、变化。当教师意味着亲历"创造"过程的发生——恰似亲手赋予一团泥土以生命，没有什么比目睹它开始呼吸更激动人心的了。

　　权利我也有了：我有权利去启发诱导，去激发智慧的火花，去问费心思考的问题，去赞扬回答的尝试，去推荐书籍，去指点迷津。还有什么别的权利能与之相比呢？

　　而且，教书还给我金钱和权利之外的东西，那就是爱心。不仅有对学生的爱，对书籍的爱，对知识的爱,还有教师才能感受到的对"特别"学生的爱。这些学生,有如冥顽不灵的泥块,由于接受了老师的炽爱才勃发了生机。

所以,我爱教书,还因为,在那些勃发生机的"特别"学//生身上,我有时发现自己和他们呼吸相通,忧乐与共。

——节选自[美]彼得·基·贝得勒《我为什么当教师》

四、命题说话(请在下列话题中任选一个,共40分,限时3分钟)

1. 我喜爱的动物(或植物)

2. 谈谈社会公德(或职业道德)

我选择的说话题目是《我喜爱的动物》。我喜爱的动物有很多,但要说我最喜欢的动物,我觉得那就是能够飞檐走壁的猫了。我家以前就养过一只猫。在这只猫之前,我家还曾经养过许多小动物,有金鱼,有小乌龟,有小白兔,有小鸭子,后来都因为种种原因没有养太长时间,它们都死了。

那段时间,由于家中鼠患严重,爸爸就带着我去宠物店买了一只猫。小猫买回来时只有一个月大,样子很普通,浑身都是黄白相间的毛,耳朵十分有趣,它会自己垂下来,但马上又笔直笔直的了,几根白花花的胡须插在脸的两旁,更有趣的是,走起路来,小屁股一扭一扭的,尾巴也是笔直地竖起来。每到吃饭时,总是未见其猫,先见其尾,然后是悄悄地来,又悄悄地走。它总是那么悠闲,有时在屋檐下晒太阳,有时就坐起来看着路边的行人和车辆;然后陪着隔壁的那只猫追逐嬉戏;有时它也会爬到树上睡觉,所以,门前的那棵树上很少有小鸟出现。

我们每天为它提供两餐,所以到了下午,当它想吃东西时,便会自己去找吃的。我们待它好,它也都知道。它时常陪我看书,有时我玩电脑游戏时,它就待在我的脚旁。待久了,它会自己洗洗脸,也会再去找些吃的。它的食物一般都挺好的,多半用鱼汤拌饭,再在里面放一些鱼肉、鱼骨头。家里做了鸡汤,它碗里也会多几块鸡肉、鸡骨头。总之,我们吃什么,它也跟着吃什么,有时我们出去吃饭,就会给它带几块鱼或一大块蛋糕,它都会吃光的,但是也不是一次性全吃光,它会先吃一半,放在那儿,出去玩一圈回来了,又接着吃,所以,它的餐盘也总是有些饭在里面。

有一次,妈妈从外面带回来几条鱼,不知什么时候全死了。于是那些鱼只能煮熟了喂猫。猫最喜欢吃鱼了,它吃到鱼头时,总是咬得很响,还边吃边把头扭过去,咽下后,又转过头,咬一口,又接着扭过去。它吃了很长时间,才把那些鱼给吃完,然后,很享受地挺着它那圆圆小肚子,慢悠悠地走到墙根边躺下,一动也不动、安详地睡觉了。

它也挺会捉老鼠的。有一次,它蹲在柜子旁一动也不动。我们开始吃饭了,要是在平常,它总是会坐在桌子下等待着那从天而降的美食,可今天,它依然在那儿盯着,连一点声音也没有。又过了一会儿,随着几声"吱吱"声,我连忙跑过去,看到一只很大的老鼠被它叼在嘴里,我想,那只老鼠肯定很害怕。还有一次,我放学回家,看到有一群人围在树边看着它,它嘴里又叼着一只老鼠,地上还有几只没长出毛来的小老鼠。妈妈说,这是它跑到别人家里捉来的,它还真是厉害呢!

总之,我很喜欢我的这只小猫,我把它当作我最好的伙伴。

冲刺密卷三十四号卷

一、读单音节字词（100个音节，共10分，限时3.5分钟）。请横向朗读！

捐	末	壅	胆	脖	砖	铤	邢	垦	四
允	垫	惹	常	梳	败	首	梭	遣	罪
日	裹	夜	松	怎	凭	晤	糟	牛	刀
乏	皱	揩	洪	里	智	甜	皇	虾	瘤
北	瓢	酿	赔	谬	抓	频	锋	拔	兜
泛	荤	去	闯	情	升	痒	时	次	耍
鼻	妾	刚	眨	燃	耳	臀	瑞	溪	怪
能	草	摔	砍	心	仄	藤	军	暖	碍
选	瘤	粉	虫	鹿	窘	木	恩	替	捞
岭	农	虽	抿	贴	秒	瓮	举	够	韦

二、读多音节词语（100个音节，共20分，限时2.5分钟）。请横向朗读！

枕头	外语	讴歌	酒盅儿	马上	以及	夸张
不良	降低	今日	虐待	绕远儿	破坏	妇女
横扫	人群	崩溃	邮戳儿	合并	佛经	花费
雄壮	散落	全身	穷困	葡萄糖	面貌	学问
变压器	黑暗	答应	从而	赞成	多寡	完整
森林	采写	通讯	效率	车子	排斥	挑刺儿
宾馆	南方	水鸟	灭亡	定额	主宰	融洽

三、朗读短文（400个音节，共30分，限时4分钟）

在湾仔，香港最热闹的地方，有一棵榕树，它是最贵的一棵树，不光在香港，在全世界，都是最贵的。

树，活的树，又不卖何言其贵？只因它老，它粗，是香港百年沧桑的活见证，香港人不忍看着它被砍伐，或者被移走，便跟要占用这片山坡的建筑者谈条件：可以在这儿建大楼盖商厦，但一不准砍树，二不准挪树，必须把它原地精心养起来，成为香港闹市中的一景。太古大厦的建设者最后签了合同，占用这个大山坡建豪华商厦的先决条件是同意保护这棵老树。

树长在半山坡上，计划将树下面的成千上万吨山石全部掏空取走，腾出地方来盖楼，把树架在大楼上面，仿佛它原本是长在楼顶上似的。建设者就地造了一个直径十八米、深十米的大花盆，先固定好这棵老树，再在大花盆底下盖楼。光这一项就花了两千三百八十九万港币，堪称是最昂贵的保护措施了。

太古大厦落成之后，人们可以乘滚动扶梯一次到位，来到太古大厦的顶层，出后门，那儿是一片自然景色。一棵大树出现在人们面前,树干有一米半粗,树冠直径足有二十多米,独木成林,非常壮观,形成一座以它为中心的小公园,取名叫"榕圃"。树前面//插着铜牌,说明原由。此情此景,如不看铜牌的说明,绝对想不到巨树根底下还有一座宏伟的现代大楼。

——节选自舒乙《香港:最贵的一棵树》

四、命题说话(请在下列话题中任选一个,共 40 分,限时 3 分钟)

1. 我的业余生活

2. 谈谈个人修养

我选择的说话题目是《我的业余生活》。我是一名医生,虽然中国医护人员普遍存在工作时间长、工作强度大、休息时间少等问题,但我的业余生活依然很丰富。

我很重视每天的饮食,一日三餐都会自己解决,从来不会去外面用餐。这可能是职业的原因,总觉得在外面吃的不卫生,饭菜不卫生、餐具不卫生、环境也不卫生,所以做饭是我乐此不疲的一件事情。边做饭边听广播,听听音乐和新闻,这样不仅能放松身体而且还能了解一些时事。收拾家务是我的业余生活的一部分,洗衣服,拖地,清理平时不容易处理的卫生死角,家里干净清爽,不仅会减少细菌的滋生,自己住着也会觉得心情舒畅;有时候我也会打开电脑,浏览一些网站,让自己的思维不再停留在个人的日常生活里,去关注更广阔的外部世界,分享网络带来的惊奇和快乐……

人都是逼出来的。在不能和别人攀比的情况下,我只能做好自己,让自己的业余生活更加丰富一些。我可以利用独处的时间,与自己的心灵对话,在不辜负家人期望的情形下,既可以陪伴家人,又可以发挥自己的写作爱好,在网上写博客。博客的内容包括医生护士、护理工作、社会生活、与人交往、心情记录等。我用这种方式表达自己的心声,让身边及周围的亲人朋友们能够感受到我愉快的心情、充实的生活、快乐的工作。

虽然我的大部分时间都是在家度过的,但是偶尔外出也是必需的,比如上街弄个头发,买件衣服,或者和朋友打一次羽毛球,来一次 K 歌,吃一顿饭等,有时间我们还会组织几个好朋友集体出游。工作很重要,但是和朋友们、家人在一起增进感情也很重要。当我在工作中遇到困难时,或工作让我变得烦躁时,总有家人和朋友的陪伴,他们给我力量,让我摆脱那些不愉快的事情的影响。

我的业余生活简单说就是这么几项:一是保证家庭日常生活;二是满足自身和社会的需要;三是陪伴亲人朋友。业余生活是工作的延伸,业余生活的充实更能发挥一个人的潜能。只要热爱生活,珍惜生活,我们的业余生活就会丰富多彩,快乐无限。

冲刺密卷三十五号卷

一、读单音节字词（100个音节，共10分，限时3.5分钟）。请横向朗读！

冀	曹	逛	迟	蜜	羽	习	户	登	喘
驳	钧	恒	脱	死	实	比	劫	破	奎
珠	狼	女	倦	苗	枪	软	烁	格	猎
匪	楼	此	丢	快	田	灭	囊	七	政
左	培	呕	青	辨	粮	听	哑	迅	暖
疲	画	笋	歪	罚	申	盾	根	舀	擒
喊	步	沙	蛮	仄	先	窖	挥	儿	虽
热	荣	袜	踩	胸	诊	犯	朽	抄	蛋
怎	刷	景	招	汞	装	爵	汪	陇	阅
癖	充	稿	冯	鳌	挎	宅	捺	粗	卖

二、读多音节词语（100个音节，共20分，限时2.5分钟）。请横向朗读！

纯粹	打扰	尊重	开玩笑	包涵	旅馆	白昼
思想	懒得	紧缺	国务院	穷苦	昂贵	奔跑
瓜子儿	全体	运输	定额	佛典	永久	抓获
钢铁	学生	因而	喷射	撒谎	被窝儿	收藏
特别	纵队	创立	眉毛	日趋	怀念	造句
加塞儿	红娘	下马	富翁	双方	安排	简直
系统	率领	纽扣儿	未曾	人群	一筹莫展	

三、朗读短文（400个音节，共30分，限时4分钟）

有这样一个故事。

有人问：世界上什么东西的气力最大？回答纷纭得很，有的说"象"，有的说"狮"，有人开玩笑似的说：是"金刚"，金刚有多少气力，当然大家全不知道。

结果，这一切答案完全不对，世界上气力最大的，是植物的种子。一粒种子所可以显现出来的力，简直是超越一切。人的头盖骨，结合得非常致密与坚固，生理学家和解剖学者用尽了一切的方法，要把它完整地分出来，都没有这种力气。后来忽然有人发明了一个方法，就是把一些植物的种子放在要剖析的头盖骨里，给它以温度与湿度，使它发芽。一发芽，这些种子便以可怕的力量，将一切机械力所不能分开的骨骼，完整地分开了。植物种子的力量之大，如此如此。

这，也许特殊了一点儿，常人不容易理解。那么，你看见过笋的成长吗？你看见过被压在瓦砾和石块下面的一棵小草的生长吗？它为着向往阳光，为着达成它的生之意志，不管上面的石块如何重，石与石之间如何狭，它必定要曲曲折折地，但是顽强不屈地透到地面上来。它的根往土壤钻,它的芽往地面挺,这是一种不可抗拒的力,阻止它的石块,结果也被它掀翻,一粒种子的力量之大,如∥此如此。

没有一个人将小草叫作"大力士",但是它的力量之大的确是世界无比。这种力是一般人看不见的生命力。只要生命存在,这种力就要显现。上面的石块,丝毫不足以阻挡。因为它是一种"长期抗战"的力;有弹性,能屈能伸的力;有韧性,不达目的不止的力。

——节选自夏衍《野草》

四、命题说话(请在下列话题中任选一个,共40分,限时3分钟)

1. 学习普通话的体会

2. 我喜爱的书刊

我选择的说话题目是《我喜爱的书刊》。我喜欢读的书刊有很多,比如《读者》《青年文摘》《故事会》《演讲与口才》,还有中国名著《红楼梦》《西游记》,等等。

《红楼梦》是清代作家曹雪芹的作品,这部小说不仅是一部伟大的文学著作,还是研究中国古代官制、哲学思想、文化形态、民俗现象,甚至铁器、瓷器等手工制造业的重要史料,所以历来备受各界人士关注,研究者众多,由此形成了"红学"这一大综合性人文学科。

我之所以喜欢《红楼梦》,是因为这部小说具有很强的故事性,它以鲜明的人物,完整而多变的情节,细腻而丰富的感情,完整地向人们展示一个既来源于生活而又高于生活的复杂世界。

每次读这部小说的时候,里面的情节会让我笑,让我哭,有时还会让我哭笑不得,甚至会让我把自己真正地融入其中,让我走进一个不同的世界,让我在除了拥有一个现实世界之外,还拥有一个浩瀚的、丰富的虚拟世界。读《红楼梦》的那段时间,我的心情也会随着小说中主人公的心情而改变,我觉得那是一种很美妙的体验。

《读者》是一种文摘性质的杂志,它朴实无华,充满了睿智和浓郁的人情味,人性美和人性丑在这里都可以得到展现。早期的《读者》称为《读者文摘》,后来因为与美国的《读者文摘》中文译名同名,不得不改称为《读者》。其实,我更喜欢《读者》这个名字,因为它实在是一本为读者而想、为读者而办的杂志。

这里有揭示人情人性的优美杂文,比如2006年第11期的《玛菲尔的秘密》,这本书说的是善良的小姑娘玛菲尔为了不揭穿母亲的秘密,忍受着父亲是个囚犯的残酷打击,帮母亲做家务,照顾好弟妹,用自己的行为感动了周围的人。当父亲出狱后,玛菲尔还为他的父亲找到了一份体面的工作,也找到了重新做人的自信。读了之后我的心里久久不能平静,对比自己,小姑娘的勇敢、善良、坚强使我相形见绌。在小姑娘身上,尽显人性至美至善的光芒,使人折服。我为小姑娘喝彩,也为小姑娘祝福。

《读者》里还有能让你认识世界风光的"社会之窗",有令你增长知识的"知识之窗",有令你增添睿智的人生哲理,还有来自世界各地的优美散文,也有令你释怀一笑的幽默小品,每一篇都是精品。现在,随着社会的发展和进步,《读者》也与时俱进,利用现代科学信息技术,开通了短信平台。如果你觉得这一期里有哪一篇文章令你难忘,你可以通过短信平台投上你的一票,让编者知道什么样的文章能让你感动。当然,如果你不喜欢其中的哪一篇,你也可以向编者提出意见。

书籍是人类进步的阶梯,让我们多读书读好书,做一个有知识、有阅历、有修养的人。

冲刺密卷三十六号卷

一、读单音节字词（100 个音节，共 10 分，限时 3.5 分钟）。请横向朗读！

柴	旱	吹	讽	二	舔	袖	飞	扭	霜
撮	史	拔	此	素	软	绝	破	荣	孝
允	掠	宾	酶	咬	妈	娶	塘	机	圣
裙	雾	蕊	诸	女	团	具	潜	讨	坟
醉	旁	卧	追	死	伊	特	班	策	笛
海	控	甲	灭	坤	弥	碘	墙	摘	拐
蹄	熊	饼	捏	滚	瑟	窨	日	宣	影
收	郑	咱	况	霖	候	培	姊	丢	镰
瓮	鳌	押	哲	挖	枣	臻	洒	泉	搞
罗	挡	灯	拿	庵	亮	怀	怒	型	夸

二、读多音节词语（100 个音节，共 20 分，限时 2.5 分钟）。请横向朗读！

不用	讲学	上下	恰巧	体育场	杯子	撇开
操纵	佛寺	穷人	图钉儿	新娘	持续	放松
逗乐儿	范围	作品	然而	军队	热爱	通讯
率领	喇叭	挂钩	长官	研究	温暖	抓获
年头儿	抚摸	荒谬	诚恳	条约	核算	恶化
发展	疲倦	矛盾	戒指	原理	国王	水鸟
清楚	尊重	傀儡	财会	外面	包干儿	大气层

三、朗读短文（400 个音节，共 30 分，限时 4 分钟）

　　小学的时候，有一次我们去海边远足，妈妈没有做便饭，给了我十块钱买午餐。好像走了很久，很久，终于到海边了，大家坐下来便吃饭，荒凉的海边没有商店，我一个人跑到防风林外面去，级任老师要大家把吃剩的饭菜分给我一点儿。有两三个男生留下一点儿给我，还有一个女生，她的米饭拌了酱油，很香。我吃完的时候，她笑眯眯地看着我，短头发，脸圆圆的。

　　她的名字叫翁香玉。

　　每天放学的时候，她走的是经过我们家的一条小路，带着一位比她小的男孩儿，可能是弟弟。小路边是一条清澈见底的小溪，两旁竹荫覆盖，我总是远远地跟在她后面，夏日的午后特别炎热，走到半路她会停下来，拿手帕在溪水里浸湿，为小男孩儿擦脸。我也在后面停下来，把肮脏的手帕弄湿了擦脸，再一路远远跟着她回家。

　　后来我们家搬到镇上去了，过几年我也上了中学。有一天放学回家，在火车上，看见斜对面一位短头发、圆圆脸的女孩儿，一身素净的白衣黑裙。我想她一定不认识我了。火车很快到站了,我随着人群挤向门口,她也走近了,叫我的名字。这是她第一次和我说话。

她笑眯眯的,和我一起走过月台。以后就没有再见过//她了。

这篇文章收在我出版的《少年心事》这本书里。

书出版后半年,有一天我忽然收到出版社转来的一封信,信封上是陌生的字迹,但清楚地写着我的本名。

信里面说她看到了这篇文章心里非常激动,没想到在离开家乡,漂泊异地这么久之后,会看见自己仍然在一个人的记忆里,她自己也深深记得这其中的每一幕,只是没想到越过遥远的时空,竟然另一个人也深深记得。

——节选自苦伶《永远的记忆》

四、命题说话（请在下列话题中任选一个,共 40 分,限时 3 分钟）

1. 谈谈卫生与健康

2. 我所在的集体（学校、机关、公司等）

我选择的说话题目是《谈谈卫生与健康》。健康在我们的生命中是最重要的。健康是生活愉快的必要条件,而良好的卫生条件是健康的保障。所以如果你想拥有健康,就要注意卫生,下面我就说说卫生与健康的关系。

民以食为天,食物是生活中不可缺少的。在吃东西时一定要注意卫生。在我们的日常生活中,常常发生细菌性食物中毒的事情。细菌性食物中毒经常发生在气候炎热的季节,这是因为夏天气温高,适合微生物生长繁殖,另一方面人体肠道的防御机能下降,很容易受到感染。

我们要消除病毒、细菌对健康的威胁,还要从以下生活细节入手:洗澡、洗衣、晒被子,你可不能小看这些习惯。洗澡、勤换衣服、阳光充足时把被子晒一晒,这些卫生习惯能使我们更少地接触病毒,并有效抵御病毒侵害。因为在阳光和空气流动的作用下,细菌、病毒在很短的时间内就会被杀灭。细菌病毒的直接传播也是导致我们生病的原因,所以,在触碰过不卫生的东西之后,脏手不要随便碰触口鼻。同时病毒和细菌也会通过间接渠道让人感染,病人打喷嚏或咳嗽产生的细菌会传到空气中,而抵抗力弱的人就会受到感染。流感、肺结核等病就是这样传播的。所以,去一些人很多的场合还是要戴上口罩。

人们常说病从口入,而一旦生病就必然影响人的身体健康,所以我们一定要保证进入我们口中的食物的卫生,蔬菜水果要清洗干净,餐具要做好消毒处理。如果我们忽视了生活中的一些细节,往往也会因不卫生而导致身体的不适。目前为了防止一些蔬菜、水果生虫会喷洒化学药品,所以我们在食用前一定要用清水先浸泡一会儿再清洗;使用菜板时要先切蔬菜类,再切禽肉类。做好食物的清洁是保证我们拥有健康身体的大前提。其次是我们生活环境的卫生,首先做好个人的卫生,养成良好的卫生习惯,做到饭前洗手、饭后漱口、勤洗澡、勤换衣。同时也要做好家庭的卫生清洁,保持居住空间的空气流通清新。清新的空气、良好的绿化、整洁的街道等社会环境,从每个人健康的角度来讲,也是不容忽视的方面,所以保护环境卫生其实也是在保护着我们每个人的身体健康。

为了让我们有一个健康的体魄,为了健康快乐地生活,请大家讲究卫生。

冲刺密卷三十七号卷

一、读单音节字词（100个音节，共10分，限时3.5分钟）。请横向朗读！

瞎	丑	仆	伞	墙	腿	钝	眸	饲	癣
峻	火	穷	掌	膜	癫	割	裁	短	蛇
恩	筏	彼	峰	稀	床	掠	雅	仄	美
流	痴	廷	述	我	就	征	林	弱	胚
虫	棍	狂	二	写	穗	瞟	鸣	考	帅
区	支	洒	凿	女	逛	拔	盏	净	娶
宫	热	汤	倪	梦	捐	阔	群	鸟	抓
槐	叮	袜	蕊	粪	讨	缔	环	貂	填
粉	傲	夫	潜	棕	烂	黑	沈	接	词
耕	岳	须	伍	蹿	用	憋	盆	轰	羊

二、读多音节词语（100个音节，共20分，限时2.5分钟）。请横向朗读！

加快	运动	完备	迅速	思索	这么	频率
刷新	沉着	主人翁	柔软	通常	层面	窘迫
恰好	实践	平日	肥料	行当	给予	灭亡
温差	饭盒儿	农村	操作	锥子	全部	梨核儿
顺手	宁可	纤维	重量	奇怪	钢镚儿	佛学
偶尔	赞叹	垦荒	铁匠	熊猫	愿意	大褂
小巧	专门	虐待	年龄	爱国	刀把儿	南半球

三、朗读短文（400个音节，共30分，限时4分钟）

　　有一次，苏东坡的朋友张鹗拿着一张宣纸来求他写一幅字，而且希望他写一点儿关于养生方面的内容。苏东坡思索了一会儿，点点头说："我得到了一个养生长寿古方，药只有四味，今天就赠给你吧。"于是，东坡的狼毫在纸上挥洒起来，上面写着："一曰无事以当贵，二曰早寝以当富，三曰安步以当车，四曰晚食以当肉。"

　　这哪里有药？张鹗一脸茫然地问。苏东坡笑着解释说，养生长寿的要诀，全在这四句里面。

　　所谓"无事以当贵"，是指人不要把功名利禄、荣辱过失考虑得太多，如能在情志上潇洒大度，随遇而安，无事以求，这比富贵更能使人终其天年。

　　"早寝以当富"，指吃好穿好、财货充足，并非就能使你长寿。对老年人来说，养成良好的起居习惯，尤其是早睡早起，比获得任何财富更加宝贵。

　　"安步以当车"，指人不要过于讲求安逸、肢体不劳，而应多以步行来替代骑马乘车，多运动才可以强健体魄，通畅气血。

"晚食以当肉"，意思是人应该用已饥方食、未饱先止代替对美味佳肴的贪吃无厌。他进一步解释，饿了以后才进食，虽然是粗茶淡饭，但其香甜可口会胜过山珍；如果饱了还要勉强吃，即使美味佳肴摆在眼前也难以 // 下咽。

苏东坡的四味"长寿药"，实际上是强调了情志、睡眠、运动、饮食四个方面对养生长寿的重要性，这种养生观点即使在今天仍然值得借鉴。

——节选自蒲昭和《赠你四味长寿药》

四、命题说话（请在下列话题中任选一个，共 40 分，限时 3 分钟）

1. 我尊敬的人

2. 我喜欢的季节（或天气）

我选择的说话题目是《我喜欢的季节》。春天是生命的开始，充满朝气却少了夏的奔放；秋天是丰收的季节，但也是万物萧条的开始；冬天虽有银装素裹的景致，但它让人感觉从头到脚都是冷冰冰的。还是夏天最好，大大的晴天，蓝蓝的天空，还有白白的云朵。

我喜欢夏天，首先是因为夏天的天气。夏日的晴空是灿烂的，天是那样的蓝，阳光是那样的强烈，天上地下都处于一片耀眼的光明之中。夏天应该是随风而来的，我在风中感受它的气息。这气息不像春风那样柔软，也不像秋风那样凉爽，更不像冬风那样寒酷，它有自己独特的魅力。"好雨知时节，当'夏'乃发生"，夏天的雨量大而且下得猛，为烈日炎炎的夏天带来丝丝清凉。夏天的雨水滋润了万物，让庄稼更挺拔，让花儿更娇润。夏天的雨干脆果断，下得急切，停得利落，不像春雨细细绵绵，也不像秋雨淅淅沥沥，更不像冬雨寒冷刺骨。夏日里，你可以穿漂亮的裙子，可以吃可口的冰激凌，可以光着脚丫在海边踏浪，或者挽起裙摆，静静地站在夕阳下的沙滩上看落日。

夏天是水果的旺季，夏天有我喜欢吃的葡萄、西瓜、桃子等，这些水果是夏日消暑的好东西，这些水果也只有在夏天吃，才能吃出它们独特的味道。我喜欢夏天的颜色，那种充满活力的绿色。春天万紫千红，秋天遍地金黄，冬天银装素裹，的确使人倾倒，但是夏天也有自己苍翠欲滴的盛装。当你登上山顶，遥望碧绿的原野，像是一片绿色的海洋，同蓝色的天空连成一片，郁郁葱葱，充满生机。有人说是色彩构筑了夏的活力：蓬勃的绿、热烈的红、灿烂的黄、纯净的紫、明亮的蓝……我还喜欢夏日的风景。"夏日荷花别样红"，说得没错，夏日的荷花的确特别美，而且还给人带来一种清新与活力。除了荷花，夏日的晚霞可谓是一道最独特的风景。夕阳西下，留下一片火红的晚霞，晚霞的倒影在湖水中，将湖水染得通红。

夏天天气炎热，人体的新陈代谢加快，正是锻炼身体的好时候。可以早起晨跑、打球，还可以去游泳。让自己拥有一个强壮的体格。夏日的凉风，从身边慢慢掠过，让我感受到酷热中的一丝丝的凉爽。清凉的雨温柔地降落下来，落在我的耳朵上，让我听到夏天的歌唱。我爱夏天。

冲刺密卷三十八号卷

一、读单音节字词（100个音节，共10分，限时3.5分钟）。请横向朗读！

授	藻	财	圣	革	三	爽	渊	耍	炕
悲	痘	骑	歪	砸	摸	聂	窘	娘	醋
新	仍	今	互	玄	洼	减	熔	趴	阔
之	递	秋	录	梢	诚	腻	酸	穴	丁
狠	胎	管	房	坏	边	牛	呆	次	蓬
若	驳	咏	律	蛾	掐	艇	烂	瘾	梅
胆	郡	子	昂	佐	柴	跳	缓	毛	瞩
链	丑	瞥	耳	孙	广	吹	许	润	从
氢	弥	肯	却	龙	睡	搬	桂	酒	瓮
家	准	黏	法	陶	尺	吠	匀	修	表

二、读多音节词语（100个音节，共20分，限时2.5分钟）。请横向朗读！

角色	盗贼	思考	灵敏	然而	妇女	小孩儿
难怪	当事人	哪里	辖区	贫穷	乌黑	群体
日记	工商业	摧毁	开创	电话	未曾	在这儿
警犬	东欧	名字	所有	部分	压迫	篡夺
寻求	传统	干涉	别针儿	保温	漂亮	天空
佛像	书卷	涡流	口罩儿	铁匠	症状	谋略
搜刮	麻醉	畅快	英雄	障碍	一帆风顺	

三、朗读短文（400个音节，共30分，限时4分钟）

　　中国的第一大岛、台湾省的主岛台湾，位于中国大陆架的东南方，地处东海和南海之间，隔着台湾海峡和大陆相望。天气晴朗的时候，站在福建沿海较高的地方，就可以隐隐约约地望见岛上的高山和云朵。

　　台湾岛形状狭长，从东到西，最宽处只有一百四十多公里；由南至北，最长的地方约有三百九十多公里。地形像一个纺织用的梭子。

　　台湾岛上的山脉纵贯南北，中间的中央山脉犹如全岛的脊梁。西部为海拔近四千米的玉山山脉，是中国东部的最高峰。全岛约有三分之一的地方是平地，其余为山地。岛内有缎带般的瀑布，蓝宝石似的湖泊，四季常青的森林和果园，自然景色十分优美。西南部的阿里山和日月潭，台北市郊的大屯山风景区，都是闻名世界的游览胜地。

　　台湾岛地处热带和温带之间，四面环海，雨水充足，气温受到海洋的调剂，冬暖夏凉，四季如春，这给水稻和果木生长提供了优越的条件。水稻、甘蔗、樟脑是台湾的"三宝"。岛上还盛产鲜果和鱼虾。

台湾岛还是一个闻名世界的"蝴蝶王国"。岛上的蝴蝶共有四百多个品种,其中有不少是世界稀有的珍贵品种。岛上还有不少鸟语花香的蝴//蝶谷,岛上居民利用蝴蝶制作的标本和艺术品,远销许多国家。

——节选自《中国的宝岛——台湾》

四、命题说话(请在下列话题中任选一个,共40分,限时3分钟)

1. 我知道的风俗

2. 购物(消费)的感受

我选择的说话题目是《我知道的风俗》。中华民族历史悠久,我们的祖辈给我们留下了许许多多民族文化传统,今天在这里想给大家介绍的是我们家乡过春节的习俗。春节是我们乡里最盛大的一个节日,过节的形式远远超出端午和中秋,春节的持续时间达半个多月。

春节前是过小年,这是冬季里特别忙的时候。村里的人家家户户都会有留"过年猪"的习惯。杀完了猪就要打豆腐,用猪血和豆腐混合在一起,挤碎再揉成一个圆形,再烘烤一下就做成了"血粑豆腐",用来招待客人,这可是上好的菜。打完豆腐后就该把腌过两三天的猪肉串起来做腊肉、灌香肠等。再是一些自家男人爱喝酒的家庭这时候就要忙着酿酒了,这也是一项非常繁杂的工作,往往需要一整天的时间。酒的原料是自己家用的发酵了的米饭,所以酿出的酒特别香特别醇。

大约到了腊月二十八、二十九,乡亲们又开始打糍粑。打糍粑场面非常热闹,往往一家人打糍粑,邻里几家来帮忙,你帮完我,我再来帮你。只要糯米煮熟了,半个小时,几百个糍粑就像艺术品一样从大家的手里生产出来。在打糍粑的家里,人人都可以随意地想吃就吃,主人反会觉得这是一种友好的表示,即使对于过路的熟人,主人也会大老远地喊别人来吃"粑粑"。

事情忙得差不多了,也几乎到过年了。过年了,在外打拼的人一般都会在年三十前赶回来,和家人一起吃"年夜饭"。"年夜饭"一般就是一家人在一起,满桌子美味佳肴,一家人团团圆圆地聚在一起吃。在"年夜饭"的桌子上,你每年都可以看到这样一种菜"香菜炖鱼",这是一道必不可少的菜,鱼代表"年年有余"。我们还有些很铁的规矩,就是不能把"鸡脑壳"叫作"鸡头",而是应该称它为"凤头",也不能直接称呼"鸡腿""鸡爪",而应该是"金爪"或"抓钱手",这些都是带有吉祥之意。

新年的第一天,也就是正月初一,凌晨五点到七点,每家每户都至少要起来放一次鞭炮。通常这段时候还要到院子里放烟花,表示新的一年真正来临了。在这天还有一个习俗就是绝对不能在上午扫垃圾出门,鞭炮的残渣,我们嗑的瓜子壳、糖果皮,这些都是象征着财富,把它扫出去了,就暗含这一年将不会积财。过年的规矩还有很多,比如在这几天里不能用剪刀、不能理发等。

经济快速发展的今天,这些习俗基本上已经退出它的生活舞台了,它们的地位和价值也在不经意间就成为历史了,但是春节一直还是我们炎黄子孙所珍视的。

冲刺密卷三十九号卷

一、读单音节字词（100个音节，共10分，限时3.5分钟）。请横向朗读！

饼	而	桩	另	臀	喂	波	舜	巢	滤
仿	辛	涌	瓣	驶	峡	构	活	端	聊
瑟	盯	此	用	谨	昂	柳	袜	肥	悦
腔	循	驾	泥	蒸	跪	歪	胁	抓	仍
擦	袋	披	存	砍	盆	洒	该	怎	材
嘘	愁	允	旁	啃	兽	北	僧	偶	捐
舔	债	孔	亭	主	翁	鸟	穷	党	泽
取	书	算	拖	凤	膜	屋	恨	蕊	刀
犬	缩	码	官	闹	满	隔	自	烘	酿
蕨	日	鸡	水	床	东	遗	谬	炉	雁

二、读多音节词语（100个音节，共20分，限时2.5分钟）。请横向朗读！

佛寺	照相	亲切	返青	耻辱	幼儿园	爽快
局面	钢铁	传说	人群	逗乐儿	摧毁	爱国
挫折	篱笆	报答	随后	盼望	提成儿	螺旋桨
修养	明白	英雄	军阀	的确	公民	拉链儿
从中	暖瓶	深化	难怪	灯泡儿	温柔	内在
调和	总得	恰好	完善	眉毛	夸张	学习
窘迫	毽子	典雅	妇女	标准	不速之客	

三、朗读短文（400个音节，共30分，限时4分钟）

对于中国的牛，我有着一种特别尊敬的感情。

留给我印象最深的，要算在田垄上的一次"相遇"。

一群朋友郊游，我领头在狭窄的阡陌上走，怎料迎面来了几头耕牛，狭道容不下人和牛，终有一方要让路。它们还没有走近，我们已经预计斗不过畜牲，恐怕难免踩到田地泥水里，弄得鞋袜又泥又湿了。正踟蹰的时候，带头的一头牛，在离我们不远的地方停下来，抬起头看看，稍迟疑一下，就自动走下田去。一队耕牛，全跟着它离开阡陌，从我们身边经过。

我们都呆了，回过头来，看着深褐色的牛队，在路的尽头消失，忽然觉得自己受了很大的恩惠。

中国的牛，永远沉默地为人做着沉重的工作。在大地上，在晨光或烈日下，它拖着沉重的犁，低头一步又一步，拖出了身后一列又一列松土，好让人们下种。等到满地金黄或农闲时候，它可能还得担当搬运负重的工作；或终日绕着石磨，朝同一方向，走不计程的路。

在它沉默的劳动中,人便得到应得的收成。

那时候,也许,它可以松一肩重担,站在树下,吃几口嫩草。偶尔摇摇尾巴,摆摆耳朵,赶走飞附身上的苍蝇,已经算是它最闲适的生活了。

中国的牛,没有成群奔跑的习//惯,永远沉沉实实的,默默地工作,平心静气。这就是中国的牛!

——节选自小思《中国的牛》

四、命题说话（请在下列话题中任选一个,共40分,限时3分钟）

1. 我尊敬的人

2. 我的成长之路

我选择的说话题目是《我尊敬的人》。我在这世上,只尊敬3种人:为人们无私奉献的人;对我生活上、学习上有影响的人;我的长辈。父亲是我尊敬的人,不只是因为他是我的长辈。

记得我大概8岁的时候,父亲和他的一位朋友有些事情要谈,约好第二天上午10点在南门中学门口碰面。到了第二天,天有不测风云,下起了倾盆大雨。父亲不顾我的阻拦,毅然决然地出了门。

到了中午12点钟,父亲回来了,浑身湿透地回来了。"怎么样,他没来吧? 我就知道,叫你别去,你偏去。还不带伞,迟到一下又不会怎样?"我靠着墙跟父亲发牢骚。"这不是去与不去、迟到不迟到的问题,而是信誉的问题。尽管他没来,可我去了,我问心无愧。再说了,淋湿了,可以擦干;生病了,可以吃药;可信誉没了,就无法挽回了!"这一段话震撼了我。

我尊敬我的父亲,因为他的守信。

一个双休日,父亲带我去菜市场买菜。我们走到一个卖鱼的摊子,卖鱼的是个老太太。"这草鱼怎么卖啊?""5元一斤。""好,给我来一条。"说完,老太太麻利地抓起一条鱼,称得2斤,然后装袋。爸爸付了钱,但他接过鱼时,露出一种怀疑的表情,但一会儿就不见了。我们在离开的时候,父亲去了公平秤,称了那条鱼的重量,公平秤显示的是3斤。爸爸二话没说,马上跑到那鱼摊,把应付的钱给了老太太。还对卖鱼的老太太说:"您应该换个秤了,不准!"说完,我们就走了。

我尊敬他,因为他的诚实。

一天我走在回家的路上,快进小区大门的时候,突然看到我的父亲趴在地上找什么似的,我就走了过去。原来是因为一位老人的拐杖掉进了下水道的栅栏里,老人没有拐杖又寸步难行。行人走来询问,终究是觉得太麻烦而摇头走开。我父亲也正好路过,看到这一幕,也尝试着想帮老人把拐杖捡起来,因为下水道太深,他也是没有成功。于是父亲又回到家里取来了一根长长的铁丝,费了很大劲终于把拐杖捞了上来。老人问我:"他是谁啊?""他是我父亲!"我自豪地说。

我尊敬他,因为他的无私奉献。

我的父亲,守信、诚实、无私奉献。我为有这样的一个爸爸而感到骄傲!

扫码听范读

一、读单音节字词（100个音节，共10分，限时3.5分钟）。请横向朗读！

齿	钡	专	梧	掉	恒	钩	萍	香	绢
松	雌	官	艇	贤	怕	铝	囊	快	昂
坐	扔	恰	薛	咱	屑	急	股	农	怎
军	鹅	准	测	奶	霞	串	妻	从	低
融	纠	体	遭	邻	夸	这	疯	悔	资
谬	含	绞	搏	尔	神	碎	墙	辨	买
规	辰	党	坝	渺	琼	牵	布	楼	返
初	允	潮	爽	面	至	翁	滑	日	胎
墨	迁	蔡	妆	品	愿	闪	阀	涌	扣
贴	拐	略	酸	淌	阴	吻	酿	锁	绕

二、读多音节词语（100个音节，共20分，限时2.5分钟）。请横向朗读！

扩张	似的	宾主	人群	黄瓜	外科	压倒
民众	小姐	挨个儿	增高	月球	冲刷	佛典
虐待	率领	苍白	上层	后跟儿	亏损	整理
减轻	分散	窘迫	豆腐	遵守	红包儿	纳税
钾肥	按钮	养活	国王	创办	逃窜	名牌儿
差别	也许	颜色	自治区	儿童	完全	漂亮
让位	螺旋桨	四周	胸脯	培训	一目了然	

三、朗读短文（400个音节，共30分，限时4分钟）

我不由得停住了脚步。

从未见过开得这样盛的藤萝，只见一片辉煌的淡紫色，像一条瀑布，从空中垂下，不见其发端，也不见其终极，只是深深浅浅的紫，仿佛在流动，在欢笑，在不停地生长。紫色的大条幅上，泛着点点银光，就像迸溅的水花。仔细看时，才知那是每一朵紫花中的最浅淡的部分，在和阳光互相挑逗。

这里除了光彩，还有淡淡的芳香。香气似乎也是浅紫色的，梦幻一般轻轻地笼罩着我。忽然记起十多年前，家门外也曾有过一大株紫藤萝，它依傍一株枯槐爬得很高，但花朵从来都稀落，东一穗西一串伶伶仃仃地挂在树梢，好像在察颜观色，试探什么。后来索性连那稀零的花串也没有了。园中别的紫藤花架也都拆掉，改种了果树。那时的说法是，花和生活腐化有什么必然关系。我曾遗憾地想：这里再看不见藤萝花了。

过了这么多年，藤萝又开花了，而且开得这样盛，这样密，紫色的瀑布遮住了粗壮的盘虬卧龙般的枝干,不断地流着,流着,流向人的心底。

花和人都会遇到各种各样的不幸,但是生命的长河是无止境的。我抚摸了一下那小小的紫色的花舱,那里满装了生命的酒酿,它张满了帆,在这//闪光的花的河流上航行。它是万花中的一朵,也正是由每一个一朵,组成了万花灿烂的流动的瀑布。

在这浅紫色的光辉和浅紫色的芳香中,我不觉加快了脚步。

——节选自宗璞《紫藤萝瀑布》

四、命题说话(请在下列话题中任选一个,共40分,限时3分钟)

1. 我向往的地方

2. 谈谈美食

我选择的说话题目是《我向往的地方》。我向往的地方很多,如美丽的西双版纳,繁华的香港,遥远而神秘的好望角,被冰雪覆盖的南北极,但我实实在在最向往的却是我孩提时代家乡的大海。因为离开那儿有十多年了,那儿的大海便是我最向往的地方了。

我喜欢家乡的大海,却不一定要去那儿游泳,也不一定要捡贝壳,我向往的只是那一种与大海在一起的心境。这心境来自我小时候的居住地。因为我的家乡在海岛上,所以,我常常可以到海边去。只要到了大海边,我就能够找到快乐的源泉。大海就像是我生命中的一部分,在我不开心时,它能让我心情舒畅;在我高兴时,它能分享我的快乐。更多的时候,它能给以我灵感,比如我写东西没有思路的时候,到海边走走看看,很多灵感就会在我的脑海中显现,很快就能组织成一篇令我满意的文章。大海,很多时候也给了我诗意的情感,或许并不能让我写出"海上生明月,天涯共此时"的动人佳句,却也能产生诗意朦胧的情愫。

大海也并不是每一个地方都是蓝色的,除非是旅游景点或是深海的地方。我常去的是我家乡小岛上的海滩或岩壁,到那儿去看海。那儿的海不算蓝,顶多也只能称得上是有点儿蓝。即便是这样的地方,也有它最动人的姿态。记得有一次,我在游玩的时候看到了一幅至今都让我难以忘怀的美景。那次是在夕阳快下山的时候,我坐在海边的岩石上,看到夕阳斜照在海面上,波光粼粼,海浪在柔和阳光的照射下,跳跃着、滚动着。突然,我注意到黄色的海面变成了绚丽的七彩色,离我稍近一点的是黄色,再远一点的是橙色,橙色又接着绿色,绿色又搭配着蓝色,夕阳的红色又融合在其他颜色中,构成了一幅奇异的画面。这是我平生以来见过的最美的海景。因为它是活动的、跳跃的,是极具生命力的。

除了海浪,海滩也是最让人心仪的地方。你可以漫步在沙滩上,戴上耳机,携一本书,慢悠悠地走着,不必担心有人来打搅你独自享受的快乐。你也可以在沙滩上写字,画画,像个快乐的孩子在涂鸦。写坏了或画完了,随手一擦,又可继续写、继续画,很是惬意。如果你累了,或是想调节一下,可以到海边有岩石的地方捡捡贝壳。在石头底下,各种小海螺都躲在那儿,如果你运气不错,也许你还能捉很多回去,做一顿丰盛的晚餐。

这就是我喜爱大海的原因,我最向往的地方就是故乡的大海。

冲刺密卷四十一号卷

一、读单音节字词 (100个音节,共10分,限时3.5分钟)。请横向朗读!

麻	缺	杨	致	捷	谬	尊	凑	刚	炖
临	窘	滑	力	琼	拔	蜷	撞	否	酿
貂	聂	塔	撒	伤	嘴	牢	北	枫	垦
镰	御	稿	四	钧	鼓	掠	甩	呈	准
菊	摊	刑	舀	群	拴	此	让	才	棒
随	鼎	尼	险	抛	残	究	盘	孟	皮
俯	跟	膜	肾	宾	点	烘	阔	挖	火
虫	内	揉	暖	迟	耳	冤	晓	特	芯
舌	恩	并	矮	瓮	瞎	快	枉	桌	悔
松	灶	村	哑	换	冬	辱	扑	仄	前

二、读多音节词语 (100个音节,共20分,限时2.5分钟)。请横向朗读!

旋律	行当	文明	半道儿	作品	共同	从中
土匪	而且	虐待	日益	单纯	饭盒儿	牛仔裤
民政	雄伟	运用	轻蔑	打杂儿	家眷	赞美
奥妙	海关	另外	男女	热闹	开创	转变
夸张	人影儿	其次	搜刮	悄声	迅速	方法
首饰	坚决	破坏	天鹅	复兴	所有	珍贵
恰好	爵士乐	框子	测量	投票	刻不容缓	

三、朗读短文 (400个音节,共30分,限时4分钟)

作品4号(略)

四、命题说话 (请在下列话题中任选一个,共40分,限时3分钟)

1. 学习普通话的体会

2. 我和体育

我选择的说话题目是……

冲刺密卷四十二号卷

一、读单音节字词（100个音节，共10分，限时3.5分钟）。请横向朗读！

校	杯	处	卵	查	供	浅	令	带	绝
脸	蛇	雄	兼	仍	头	多	扰	得	着
酸	量	跌	补	就	自	捆	植	宿	佛
须	云	冈	台	刷	挤	钢	持	搓	瓦
看	择	汗	者	尊	票	送	趟	谋	拐
晃	别	瘸	宗	辖	瞧	重	鬼	酿	使
软	创	亲	四	埋	皮	扭	复	广	嫩
锥	圈	假	绳	房	耗	咱	听	蟒	怀
戳	凤	将	准	哇	萌	粗	问	二	睡
缘	滨	策	穷	话	烈	叮	沸	窥	扒

二、读多音节词语（100个音节，共20分，限时2.5分钟）。请横向朗读！

钢琴	天资	释放	家族	序曲	明亮	惶惑
里程碑	领口	生怕	坏死	稀奇	退休	遵循
刀刃儿	围裙	错觉	转告	水兵	绝招儿	搜刮
穷人	推理	半截儿	评审	流传	手脚	农忙
吃香	再会	太太	东道主	传送	爽朗	发疯
普法	职员	安顿	惦念	人影儿	存折	可耻
选种	富翁	蛮干	描画	作价	别开生面	

三、朗读短文（400个音节，共30分，限时4分钟）

作品53号（略）

四、命题说话（请在下列话题中任选一个，共40分，限时3分钟）

1. 难忘的旅行

2. 谈谈个人修养

我选择的说话题目是……

冲刺密卷四十三号卷

一、读单音节字词（100个音节，共10分，限时3.5分钟）。请横向朗读！

和	呈	居	我	卵	空	现	瓜	差	黑
流	摔	满	挺	广	奎	呆	抽	骚	需
钱	棍	稍	农	峡	均	持	料	室	归
宽	卷	杯	上	华	骑	尾	第	民	穷
血	阙	罗	恩	仄	强	村	姓	中	毒
逃	任	爬	秒	酒	叹	越	色	钾	参
日	装	狗	锥	碘	彭	谬	耐	筑	讽
缕	找	拧	栽	方	别	踢	瓣	福	症
自	说	谎	锭	阻	蒜	呛	儿	爨	润
腋	昌	瓷	盲	戳	详	泉	焚	槐	拎

二、读多音节词语（100个音节，共20分，限时2.5分钟）。请横向朗读！

长城	僵死	泡菜	胸腔	挑剔	旅馆	遵循
命中	能人	转化	对待	手绢儿	推翻	偏颇
衰弱	纸板	临床	南瓜	顶牛儿	沉默	民航
觉察	资格	揣测	烈日	违约	剪纸	北半球
磷肥	轰鸣	爱国	别致	秋季	迅速	掉价儿
糟糕	强壮	口哨儿	脱胎	苍穹	富翁	目录
选取	轮子	丹顶鹤	蜂房	月饼	大显身手	

三、朗读短文（400个音节，共30分，限时4分钟）

作品3号（略）

四、命题说话（请在下列话题中任选一个，共40分，限时3分钟）

1. 我的业余生活

2. 我的家乡（或熟悉的地方）

我选择的说话题目是……

冲刺密卷四十四号卷

一、读单音节字词（100个音节,共10分,限时3.5分钟）。请横向朗读！

广	迟	画	闰	秋	弄	英	各	贫	怀
锤	裙	挨	六	尽	悬	搓	笔	从	早
屯	杭	沟	填	撇	能	踹	安	累	式
将	换	举	瓦	嗅	里	琼	经	非	洪
手	特	绝	针	杀	夹	竹	愈	部	蹲
舱	料	僧	满	溃	歪	队	脸	迭	闽
出	垮	超	转	反	倒	责	奉	嫩	挺
标	死	睡	苦	趾	放	肿	短	边	神
字	郭	并	降	若	霉	雄	恰	崽	靴
瑟	溺	帖	床	泊	劝	攒	秘	撬	壮

二、读多音节词语（100个音节,共20分,限时2.5分钟）。请横向朗读！

规模	可口	环流	纽带	软弱	失实	自救
漆器	稳产	作怪	变态	劳累	转化	送信儿
窗帘	史诗	发疯	洽谈	想象力	懊恼	混凝土
驱车	随军	甚而	规则	快活	放电	未来
诀别	搜寻	找茬儿	村庄	花瓶儿	临别	木工
裁缝	当家	变更	享有	窘迫	选种	月初
名牌儿	担当	水产	存亡	非得	举足轻重	

三、朗读短文（400个音节,共30分,限时4分钟）

作品12号(略)

四、命题说话（请在下列话题中任选一个,共40分,限时3分钟）

1. 我和体育

2. 谈谈对环境保护的认识

我选择的说话题目是……

冲刺密卷四十五号卷

一、读单音节字词（100个音节，共10分，限时3.5分钟）。请横向朗读！

本	穷	间	嘴	吓	熟	分	盘	酿	设
放	头	凶	刘	仍	别	调	曰	此	她
北	光	恩	好	吮	戴	信	铝	填	华
攒	脸	曲	体	颇	必	宿	给	弱	遭
看	均	球	室	愿	村	字	拧	狂	凭
襟	囊	罗	窥	者	松	静	酸	还	撞
响	搂	都	圈	搅	瓮	学	触	奉	冲
水	骑	宗	蒙	拽	德	搞	产	蟀	夫
棍	和	归	铡	命	赛	穿	董	灭	锦
惹	趾	豫	危	痴	掐	爪	揣	帖	脏

二、读多音节词语（100个音节，共20分，限时2.5分钟）。请横向朗读！

绝境	雄蕊	抓紧	雨伞	逝世	坎肩儿	分子
婆婆	围裙	高烧	明媚	科学家	切割	归队
落户	钦差	辩证法	首创	女士	思忖	装载
专断	香肠儿	戳穿	彩色	一下儿	年画	衰退
梨核儿	拐杖	跳蚤	流量	整顿	微风	腐朽
旁人	大略	把柄	安全	农耕	人群	调节
昨天	老总	昏黄	埋头	名单	此起彼伏	

三、朗读短文（400个音节，共30分，限时4分钟）

作品60号（略）

四、命题说话（请在下列话题中任选一个，共40分，限时3分钟）

1. 我喜爱的职业

2. 谈谈美食

我选择的说话题目是……

冲刺密卷四十六号卷

一、读单音节字词(100个音节,共10分,限时3.5分钟)。请横向朗读!

练	它	流	琼	对	朝	挺	肥	死	最
江	丛	折	愈	匹	软	广	擦	揉	掐
买	咱	甩	瞥	寒	说	林	涮	夫	秋
训	举	笺	调	拧	画	僧	址	喂	否
阙	吮	呵	老	飘	初	刺	爹	农	羊
冬	刚	获	阿	爽	抗	秦	钻	畜	病
乘	温	戴	闷	雪	脊	宿	拳	送	甲
薄	整	迟	坠	组	敢	鲜	春	郭	彼
辆	垫	仿	竞	幢	窥	掰	貌	娘	儒
黑	选	抓	揣	钓	皿	吞	蚀	扎	哨

二、读多音节词语(100个音节,共20分,限时2.5分钟)。请横向朗读!

现役	衡量	起床	童子	清偿	更正	维持
准许	短处	分流	脑瓜儿	描摹	领略	水波
支架	水草	统率	青睐	选手	农产品	穿戴
忠诚	咨询	刀刃儿	方才	缺损	早晚	费劲
色盲	年头儿	快活	抓获	日光	祖母	人群
世界观	色调	辞典	东方	支配	谋略	皇家
小说儿	会谈	推翻	奖品	凶恶	别具一格	

三、朗读短文(400个音节,共30分,限时4分钟)

作品24号(略)

四、命题说话(请在下列话题中任选一个,共40分,限时3分钟)

1. 我的朋友

2. 谈谈社会公德(或职业道德)

我选择的说话题目是……

86

冲刺密卷四十七号卷

一、读单音节字词（100个音节，共10分，限时3.5分钟）。请横向朗读！

丰	前	爪	盲	黄	切	本	狗	红	定
说	面	飘	霞	黑	兄	粮	柴	遵	题
雨	了	他	群	包	兼	廊	藤	人	宿
远	处	坏	佛	冲	问	始	安	当	剖
查	瓜	尺	鼓	块	夹	落	酒	磁	海
雪	捉	北	听	旨	据	曾	丝	砸	磷
送	向	雀	拴	腿	俗	陆	腹	饮	惹
米	舍	暖	低	遭	更	防	蛮	翠	该
强	狂	紫	舜	辙	鞘	虑	劫	凝	瓮
皱	啮	兑	屏	爽	旋	椎	掸	绒	串

二、读多音节词语（100个音节，共20分，限时2.5分钟）。请横向朗读！

直肠	顶峰	爱戴	稀奇	自愿	宦官	泪珠儿
追加	车辆	水井	别扭	懊恼	躯壳	挑拨
共产党	衰竭	打倒	摧残	茁壮	天窗儿	软禁
扣子	混合	粗略	自发	果冻儿	波长	琵琶
贫穷	蒙古包	实在	女神	衰弱	门铃儿	搜寻
防范	增添	统领	滑雪	描画	酒家	现象
失败	周岁	勇猛	临床	探寻	眉飞色舞	

三、朗读短文（400个音节，共30分，限时4分钟）

作品10号（略）

四、命题说话（请在下列话题中任选一个，共40分，限时3分钟）

1. 谈谈卫生与健康

2. 我向往的地方

我选择的说话题目是……

冲刺密卷四十八号卷

一、读单音节字词（100个音节，共10分，限时3.5分钟）。请横向朗读！

霞	滨	填	得	果	阿	抽	嚷	枪	跳
放	似	酒	攀	绣	远	说	暖	食	啃
铝	遭	学	准	核	丁	横	灭	金	握
通	滋	抓	蕊	股	既	别	连	温	偷
需	状	舜	讲	拴	屯	票	补	囊	更
牛	篇	杂	请	架	确	印	冲	名	搞
此	每	染	至	福	离	苗	冬	栽	怀
熊	椎	甩	伴	逛	老	锤	侧	还	粉
仄	登	蜜	群	戳	乱	斥	劝	队	眶
琼	涩	讽	诉	黑	眯	耙	巷	烤	贩

二、读多音节词语（100个音节，共20分，限时2.5分钟）。请横向朗读！

上涨	轻骑	皮革	测算	离职	开玩笑	眯缝
虐待	胖墩儿	装置	英雄	笼统	娘家	薄弱
萌发	手套儿	总归	在位	化妆品	相连	明快
揣测	津贴	装运	推辞	被子	稳产	翱翔
滚动	潺潺	腐朽	凝视	法律	修补	编造
手绢儿	莲花	军人	蜂巢	郊区	壶盖儿	说唱
铁轨	类似	恰巧	左面	损失	目瞪口呆	

三、朗读短文（400个音节，共30分，限时4分钟）

作品38号（略）

四、命题说话（请在下列话题中任选一个，共40分，限时3分钟）

1. 我的成长之路

2. 我喜欢的明星（或其他知名人士）

我选择的说话题目是……

冲刺密卷四十九号卷

一、读单音节字词(100个音节,共10分,限时3.5分钟)。请横向朗读!

柴	吐	牛	美	篇	轮	日	横	键	很
撇	咱	台	舱	趾	考	热	全	拽	永
广	苗	占	花	佛	滨	奏	先	配	洽
放	罢	爽	追	尺	核	咧	室	德	强
松	您	屯	籽	猫	团	龙	奉	举	艘
球	卷	再	粒	冰	雪	紧	打	恩	锤
该	铝	当	人	腐	鼻	筐	输	重	钉
尿	车	纬	杆	猛	吓	好	吴	缩	熊
吮	藏	蹿	结	缔	管	踹	荆	贬	夸
羞	裙	戳	规	祥	睡	量	伐	阅	趣

二、读多音节词语(100个音节,共20分,限时2.5分钟)。请横向朗读!

垂柳	精简	天灾	突围	发射	处理	混沌
写字台	苍穹	考虑	热量	责任	百货	明快
太阳能	扫荡	贫血	走神儿	民兵	婆婆	衰弱
胸襟	版本	大娘	管辖	全貌	硕士	哀愁
没词儿	退回	小巧	话题	签订	追求	能干
味觉	主旨	总结	风光	安装	纽扣儿	丰富
逊色	贯穿	毛驴儿	种群	语词	持之以恒	

三、朗读短文(400个音节,共30分,限时4分钟)

作品21号(略)

四、命题说话(请在下列话题中任选一个,共40分,限时3分钟)

1. 我的假日生活

2. 购物(消费)的感受

我选择的说话题目是……

冲刺密卷五十号卷

一、读单音节字词（100个音节，共10分，限时3.5分钟）。请横向朗读！

素	令	花	同	恶	穷	艘	抓	送	将
汉	赖	乘	法	冰	品	夹	此	荒	抹
灰	连	责	挑	盛	屯	血	摔	额	阵
凡	俩	谬	持	剖	洗	团	您	瓶	标
致	恩	饶	姿	左	牛	抗	愈	施	鬶
歌	翠	僧	碳	点	朝	熔	哈	累	寨
圈	广	捆	重	尾	敌	曲	硅	许	堆
从	腔	上	软	请	绣	络	买	冯	早
滚	棉	宽	猫	说	劝	创	粤	娇	悲
葬	甫	啮	暨	棽	汛	犊	彻	拐	然

二、读多音节词语（100个音节，共20分，限时2.5分钟）。请横向朗读！

富翁	干旱	良久	职场	增值	箩筐	大人物
论点	签字	窘迫	手绢儿	下行	争光	升华
听从	偏偏	虐待	缩短	暴风雪	琐碎	惆怅
软化	领土	穷困	中秋	靴子	模仿	洽谈
阴云	哥们儿	追寻	害虫	呢绒	彩礼	传导
表白	水渠	猖狂	耗费	透亮儿	衰竭	甚而
村子	责怪	没趣	打嗝儿	遏制	漫不经心	

三、朗读短文（400个音节，共30分，限时4分钟）

作品6号（略）

四、命题说话（请在下列话题中任选一个，共40分，限时3分钟）

1. 谈谈卫生与健康

2. 我喜欢的节日

我选择的说话题目是……

冲刺密卷五十一号卷

一、读单音节字词 (100 个音节,共 10 分,限时 3.5 分钟)。请横向朗读!

国	暗	响	圈	串	峡	拴	薄	贫	别
开	摇	名	种	兹	张	需	看	票	给
狂	脚	撤	问	会	主	滚	否	磁	编
阔	黄	史	流	叠	爽	洗	棉	厌	亲
蓝	笔	挑	盲	喷	沙	窄	尺	闹	乐
脱	气	冲	舜	铝	将	秋	粉	斗	死
蹬	返	得	君	递	蹿	扭	护	凤	民
屏	潮	容	俩	厅	聚	海	脏	浮	混
体	歉	奴	翠	卦	叮	劣	雄	帅	惹
醉	弱	瓮	拽	涩	梗	霉	杂	抓	阿

二、读多音节词语 (100 个音节,共 20 分,限时 2.5 分钟)。请横向朗读!

风车	韵味	号召	流量	债权	飞行器	白齿
做梦	冰棍儿	凶恶	沧桑	搜寻	通红	推广
打鸣儿	戳穿	能耐	水准	时光	品德	哺乳
眷恋	进化论	隆重	辖区	缺口	舟舟	电镀
伙伴	苍穹	教堂	调配	水手	私下	瓜子儿
自转	文官	折磨	草皮	余粮	门槛儿	潜在
分别	迷糊	摔跤	少儿	纽带	冰天雪地	

三、朗读短文 (400 个音节,共 30 分,限时 4 分钟)

作品 51 号(略)

四、命题说话 (请在下列话题中任选一个,共 40 分,限时 3 分钟)

1. 我知道的风俗

2. 我喜爱的书刊

我选择的说话题目是……

冲刺密卷五十二号卷

一、读单音节字词（100个音节,共10分,限时3.5分钟）。请横向朗读！

树	狂	紧	铝	内	家	拽	戳	酿	员
阔	仄	龙	后	县	落	涮	发	脸	所
讲	分	僧	徐	票	别	血	更	队	幢
刺	春	丝	套	蓝	米	广	商	谬	瓦
混	摔	奎	猛	裙	敌	秦	攒	印	喂
剖	熔	鸟	粗	地	抱	缠	瓶	缝	该
者	甚	修	日	举	丁	强	腿	阻	党
中	叠	喝	咱	挺	兹	号	纲	踢	鞭
卷	命	舜	嗤	追	雄	灸	二	窃	宅
桦	给	吓	佛	软	柏	棕	甫	垮	撩

二、读多音节词语（100个音节,共20分,限时2.5分钟）。请横向朗读！

粪便	中层	赛跑	漆器	关卡	重工业	调皮
执勤	妹妹	娘家	瓜瓢儿	钢铁	老鼠	人均
雄姿	缩短	濒临	名流	罪状	酒盅儿	白天
卧室	短缺	市场	收摊儿	富翁	兄弟	发疯
快乐	电磁场	脑海	保持	创口	水井	昏黄
昏暗	追寻	懒散	衰变	聚居	差错	学校
条子	合作	人影儿	莫非	乘凉	非同小可	

三、朗读短文（400个音节,共30分,限时4分钟）

作品29号（略）

四、命题说话（请在下列话题中任选一个,共40分,限时3分钟）

1. 我的成长之路

2. 谈谈个人修养

我选择的说话题目是……

冲刺密卷五十三号卷

一、读单音节字词（100 个音节，共 10 分，限时 3.5 分钟）。请横向朗读！

装	北	强	啐	悬	屯	德	填	入	等
腹	宋	佛	据	搞	晒	创	嘴	尿	闻
穷	某	了	花	分	听	热	着	扎	运
功	昂	瓶	摔	蛋	系	网	蒋	离	射
刺	兵	坑	湿	林	案	恰	追	掏	会
迭	种	雨	得	心	起	还	爬	括	尺
根	篾	艘	脸	唇	处	球	露	瘫	缝
就	名	保	仄	海	钢	瞒	削	鞭	死
熊	踹	霞	缴	舜	吕	聘	掷	圈	内
锉	框	寡	哈	祥	软	拗	宰	仿	团

二、读多音节词语（100 个音节，共 20 分，限时 2.5 分钟）。请横向朗读！

致密	丝绒	谴责	穷困	嫁接	盟国	摸黑儿
出厂	天边	作怪	交响乐	安全	老头儿	祈求
照料	身段	石笋	富翁	收摊儿	挫折	年轮
车床	领事馆	幸而	插队	题词	反比	回信
培训	爪子	财会	跳高儿	内容	在行	水肿
功夫	杀菌	证据	影响	呆板	病灶	分别
小品	流放	大略	折磨	老化	千方百计	

三、朗读短文（400 个音节，共 30 分，限时 4 分钟）

作品 19 号（略）

四、命题说话（请在下列话题中任选一个，共 40 分，限时 3 分钟）

1. 我的学习生活

2. 我的家乡（或熟悉的地方）

我选择的说话题目是……

冲刺密卷五十四号卷

一、读单音节字词（100个音节,共10分,限时3.5分钟）。请横向朗读！

姿	点	稀	累	放	洞	陶	装	宗	这
肥	虚	船	怀	州	挑	竟	爨	若	暖
请	响	势	苦	久	瓜	云	藏	圈	粉
村	波	名	垮	拿	替	解	翁	章	仍
度	踹	论	扯	熟	铝	早	舌	碱	闷
烂	瑞	把	家	踩	曰	纸	求	良	还
空	托	票	晃	叠	密	撇	镇	锤	鼠
死	堆	谬	该	繁	边	民	横	俩	棍
昂	缠	说	慈	惧	创	呛	坪	熊	雀
伍	诵	您	旋	柜	臊	惯	翘	鄂	憎

二、读多音节词语（100个音节,共20分,限时2.5分钟）。请横向朗读！

杂居	转弯	村民	城墙	花瓶儿	爽朗	脱胎
复发	面条儿	泛滥	创办	宽容	婆婆	古董
妥协	诀别	思量	盛夏	记事儿	霉菌	恒定
扭转	心肠	惆怅	指点	分娩	留存	埋葬
爱国	规劝	回忆录	准确	甚而	缺少	刀背儿
思考	雄蕊	甜菜	区分	空军	筹备	所有制
无暇	纵队	扭曲	日光	喷喷	自始至终	

三、朗读短文（400个音节,共30分,限时4分钟）

作品44号(略)

四、命题说话（请在下列话题中任选一个,共40分,限时3分钟）

1. 我喜爱的文学艺术形式

2. 谈谈个人修养

我选择的说话题目是……

冲刺密卷五十五号卷

一、读单音节字词（100 个音节，共 10 分，限时 3.5 分钟）。请横向朗读！

瞧	嘴	牛	戳	暖	盛	待	窝	摔	旋
点	四	左	重	黑	泡	谈	德	春	欧
幢	灯	边	假	篾	夸	训	钢	哈	强
没	就	印	绝	棉	以	棍	恰	推	曲
根	簇	猎	停	很	酸	血	骨	据	蹿
并	早	躲	城	刺	铜	起	折	筐	雄
搂	色	制	揣	苗	递	丢	夫	室	放
任	椎	蛇	挖	林	请	熔	栽	烂	帮
尺	晃	否	劝	簿	牟	祥	萍	锐	贩
靠	桦	裴	泻	虑	准	葛	量	攒	鼋

二、读多音节词语（100 个音节，共 20 分，限时 2.5 分钟）。请横向朗读！

雪花	流量	退出	展望	探听	小米	苍穹
对等	抽签	凉快	繁殖	号码儿	作家	谱写
卓著	花瓣	皑皑	冻疮	开窍儿	政权	类群
是非	草拟	明媚	讽刺	红领巾	洁白	温暖
识破	私人	银光屏	价钱	火星儿	责怪	顺势
柔软	投靠	包袱	田埂	滚动	大婶儿	吹牛
随军	蚂蚁	抉择	喷喷	观光	语重心长	

三、朗读短文（400 个音节，共 30 分，限时 4 分钟）

作品 8 号（略）

四、命题说话（请在下列话题中任选一个，共 40 分，限时 3 分钟）

1. 我的愿望（或理想）

2. 谈谈卫生与健康

我选择的说话题目是……

冲刺密卷五十六号卷

一、读单音节字词（100个音节，共10分，限时3.5分钟）。请横向朗读！

放	灭	拐	脑	迟	居	软	强	哈	吨
令	霞	形	胚	兄	任	格	缝	笔	单
组	雪	刺	像	垠	凑	锤	颇	在	刘
寻	弹	刮	兵	鸟	极	若	丢	增	柴
转	霜	得	闻	色	滨	哄	藤	咬	仄
回	念	他	制	份	去	自	夹	懂	某
确	编	路	说	虽	底	九	情	恶	填
冲	始	捐	考	杭	两	脉	诸	刚	纯
壮	烈	灼	税	俯	荤	宽	劝	翁	豫
怯	眠	笙	餐	揣	爪	表	框	陕	鳞

二、读多音节词语（100个音节，共20分，限时2.5分钟）。请横向朗读！

青铜	宾馆	自封	卫兵	泄气	手掌	物价
专程	苍穹	广泛	手软	猛烈	棉花	爽快
懂得	中间人	持续	门槛儿	咨询	更改	逃脱
早春	惦念	老者	裹裹	鼻梁儿	花旦	诉说
投放	下巴	板擦儿	压迫	直觉	摸黑儿	排放
垂钓	远景	群落	相思	缺损	董事会	硫黄
贞操	皑皑	税率	啤酒	贵妃	周而复始	

三、朗读短文（400个音节，共30分，限时4分钟）

作品23号（略）

四、命题说话（请在下列话题中任选一个，共40分，限时3分钟）

1. 难忘的旅行

2. 学习普通话的体会

我选择的说话题目是……

冲刺密卷五十七号卷

一、读单音节字词（100个音节，共10分，限时3.5分钟）。请横向朗读！

放	广	刷	班	云	千	爬	真	团	你
滚	富	确	倒	猎	秒	话	黄	捆	挨
翠	躲	专	人	胚	车	脏	鱼	凑	重
救	冷	惹	捉	定	铝	迟	揉	学	洽
耳	冬	拧	八	徐	此	填	黑	水	咱
说	害	辆	苦	皿	贴	俩	汗	丢	信
枝	雄	母	资	该	朝	笼	磨	范	串
减	奖	骑	仄	僧	槽	题	圈	双	锤
部	缝	扭	旋	块	抻	窖	损	什	柱
穗	竞	憋	乖	岗	跳	瓮	媒	得	权

二、读多音节词语（100个音节，共20分，限时2.5分钟）。请横向朗读！

支配	直径	迅速	过火	扩张	娘家	爽快
遍布	刀枪	提成儿	纲领	装置	风姿	典礼
头发	扫射	导管	调价	霉菌	传承	凶恶
总管	没准儿	水波	碎步儿	排球	人伦	养老
穷困	旋涡	奶牛	宗法	然后	自从	锯齿儿
沟通	社会学	双亲	民航	自称	残缺	机械化
物品	勒令	面粉	水产	语调	轻描淡写	

三、朗读短文（400个音节，共30分，限时4分钟）

作品38号（略）

四、命题说话（请在下列话题中任选一个，共40分，限时3分钟）

1. 我喜爱的动物（或植物）

2. 我和体育

我选择的说话题目是……

冲刺密卷五十八号卷

一、读单音节字词（100个音节,共10分,限时3.5分钟）。请横向朗读！

操	建	情	省	装	偷	画	月	脏	落
角	同	瞥	须	猛	人	秦	凶	语	臀
揣	卖	根	钠	黑	强	恶	秋	怀	窥
咧	始	配	着	组	移	端	吃	就	折
睡	藏	渍	农	令	智	宿	民	幅	裙
三	给	烂	乐	瓮	后	波	棍	甲	炒
鹅	酿	削	秒	俩	起	若	电	兵	繁
慌	层	洞	伤	标	丝	早	扁	逢	体
分	白	裹	软	坠	川	圈	蝶	双	派
诵	墩	垮	锤	择	搀	窟	旋	姜	芯

二、读多音节词语（100个音节,共20分,限时2.5分钟）。请横向朗读！

威风	缺损	贫困	对等	首长	育才	说穿
直率	差额	没谱儿	电动	花圈	回环	解渴
云层	专家	搜查	容量	拉链儿	炯炯	行径
通红	在这儿	林子	粉笔	闹事	流利	单纯
探寻	坩埚	淘汰	设防	自在	超声波	归侨
母本	末尾	小鬼	嗓门儿	强求	职权	字画
纺织品	矿床	柔弱	覆灭	局促	冰天雪地	

三、朗读短文（400个音节,共30分,限时4分钟）

作品57号(略)

四、命题说话（请在下列话题中任选一个,共40分,限时3分钟）

1. 谈谈服饰

2. 我向往的地方

我选择的说话题目是……

冲刺密卷五十九号卷

一、读单音节字词（100个音节，共10分，限时3.5分钟）。请横向朗读！

纲	对	九	潘	轮	揣	霜	律	蹿	假
佛	穷	仄	脱	赛	偷	流	饶	毒	刷
黑	疼	坏	宽	蒋	陈	兹	草	虎	曰
戳	执	杂	部	冲	其	根	反	想	取
连	金	椎	原	基	请	躲	争	杭	血
色	霞	铁	凶	瓮	拧	四	群	刺	站
脚	困	弦	煤	方	丑	准	热	供	饼
桥	递	临	始	粮	埋	塔	边	歌	别
分	墓	涮	选	斥	讼	凳	麝	频	眶
脓	灭	苇	散	漂	拗	醉	寨	徽	乏

二、读多音节词语（100个音节，共20分，限时2.5分钟）。请横向朗读！

视觉	砍伐	顺风	承袭	亏损	味道	主旨
空军	奶奶	牙签儿	人群	火光	强渡	小葱儿
称道	谈天	粮仓	卖命	察觉	命脉	蹂躏
泪珠儿	民房	上山	本体	定价	鬼脸	通则
专制	表率	选票	女工	短语	头子	肺结核
涡流	衰弱	嘴唇	环抱	坩埚	当家	电影院
花盆儿	雄姿	别致	强求	随后	此起彼伏	

三、朗读短文（400个音节，共30分，限时4分钟）

作品50号（略）

四、命题说话（请在下列话题中任选一个，共40分，限时3分钟）

1. 我的假日生活

2. 谈谈科技发展与社会生活

我选择的说话题目是……

冲刺密卷六十号卷

一、读单音节字词（100个音节,共10分,限时3.5分钟）。请横向朗读!

畜	回	乳	三	堆	润	到	磨	领	民
紫	耍	活	只	雪	地	贫	帮	全	强
吮	局	猎	串	拐	项	卷	每	寨	瓷
啐	钻	闻	铝	黄	密	龙	篇	柴	高
走	切	顶	夹	跟	袖	瘸	蜂	尺	厚
塞	抢	张	牛	是	托	补	磁	增	填
损	鞭	红	钠	兄	倚	阿	群	返	下
碘	桩	锤	扒	尿	声	考	坟	揪	泰
给	灼	璧	俯	锻	畅	鳞	擎	洁	标
眶	拽	廷	测	龚	垮	艳	荣	赦	祖

二、读多音节词语（100个音节,共20分,限时2.5分钟）。请横向朗读!

牵动	安家	切片	穷尽	辐射	命名	笑话儿
搜寻	痛快	疼痛	旭日	暴风雪	破裂	因子
俯首	肿瘤	栅栏儿	拇指	铭文	虐待	慨然
转瞬	围裙	黄昏	推广	事实	旅馆	铁索
积极性	侨民	草场	支援	凉快	对比	滋生
加塞儿	年华	然而	后跟儿	窘迫	尊称	啧啧
诽谤	高超	宣传	抢夺	党章	出类拔萃	

三、朗读短文（400个音节,共30分,限时4分钟）

作品16号(略)

四、命题说话（请在下列话题中任选一个,共40分,限时3分钟）

1. 我的学习生活

2. 我的家乡

我选择的说话题目是……

附录
有关普通话水平测试的问答

为了让广大考生尤其是为首次参加普通话水平测试做准备的考生,了解普通话水平测试的具体细节问题,我们做了以下整理,为大家指引。

1. 什么是普通话水平测试?

答:普通话水平测试(PSC)是根据国家法律规定,为证明应试人普通话水平,由政府语言文字工作部门指定的专门机构实施的国家级考试。证书由国家语言文字工作部门统一印制,由省级语言文字工作办事机构编号并加盖印章后颁发。

2. 普通话水平测试成绩有哪些?

答:根据应试人的测试成绩,测试结果由高到低依次为:一级甲等、一级乙等、二级甲等、二级乙等、三级甲等、三级乙等、不入级。

3. 参加普通话水平测试有户籍要求吗?

答:没有。考生可以跨省跨市参加考试。

4. 参加普通话水平测试该怎样报名?

答:全国大部分省份已经开通在线报名,通过本省的语言文字网站报名;对于没有开通网上报名的省份,考生需要选定测试站并电话咨询,根据各测试站的要求做好准备工作。

5. 参加普通话考试的报名流程是什么?

答:以网上报名为例,首先考生需在本省的语言文字网上完成报名(报名时选定考点和考试时间),之后按照规定时间到现场确认(缴费并领取准考证)。以上必须由本人完成。不能网络报名的地区,考生应以当地实际要求做好报名事宜。

6. 普通话水平测试采用什么样的考试形式?

答:采用的是计算机辅助测试。普通话水平测试测查的是应试人说普通话的标准程度。应试人参加考试时朗读和说话的声音完全由计算机录存,录音即作为判定应试人普通话水平等级的依据。

7. 参加普通话水平测试时能提前看到试卷吗?

答:可以。考试前10分钟,考生在待测室会拿到纸质试卷(和真正开始测试时在电脑上呈现的试卷一致),部分考点还提供大纲。在这10分钟之内容,考生可以快速浏览一下试卷,对于不认识的字词可以在大纲里查。

8. 参加完测试之后多久可以查到成绩？在哪儿查？多久可以拿到证书？在哪儿拿证？

答：一般参加完普通话水平测试之后一个月左右(并非绝对)就可以在本省的语言文字网站上查询成绩。如果未能查询到成绩，可咨询当地普通话测试站。如果考生的成绩不低于三乙，一般在参加完测试2个月之后在原考点领取证书。个别地区会有差异，具体以考试地公告通知为准。

9. 一次考试没有取得理想的成绩，还可以再参加考试吗？

答：可以。大部分省份要求在前次测试3个月之后才能再次报名参加测试。所以一方面考生需要认真对待每一次参加测试的机会，另一方面考生也不必因为一次的失利而放弃再次努力的机会。

10. 普通话水平测试是系统评分还是人工评分呢？证书全国通用吗？有效期为多长？

答：前面三题由系统评分，最后一题命题说话由测试员评分。普通话水平测试等级证书全国通用，终身有效。

11. 怎样学习普通话？

答：建议采用书加软件(易甲普通话)配合使用的学习方法。在这里需要强调的是普通话的学习是一个系统的过程，希望广大考生在语音知识上给予重视，切不可急于求成！

12. 如果重新报考后第二次考试失误，分数比第一次还低，那第一次的成绩会被第二次的成绩代替吗？

答：不会。考生每一次考试的成绩都会保留在系统里，如果第二次的考试成绩低于第一次也没有关系。

13. 已报名交费了，但时间有冲突，可以改期或取消本次测试吗？

答：考生在报考时应留意自己在对应的考试日期是否有时间参加测试。一旦交费成功则不能改期或取消测试，请按时参加测试，否则视为弃考。

14. 缺考了是不是也要等三个月后才能参加测试？缺考了什么时候才能再次在网上预报名？

答：缺考不算参加过测试，不需要再等三个月就可以参加下一次的测试报名。缺考后次月的第二个星期后可以再次预报名(具体情况以报名成功为准)。

15. 测试当天需要带什么资料？

答：考生凭准考证和第二代居民身份证原件参加测试。无以上两证的考生不得参加测试。

16. 如果证书不能按时领取的，测试站会保留多久？

答：一般情况下距发证日期起保留三个月左右，考生应及时领取证书。逾期未领取的证书将按废弃证书处理。

17. 本人无法前来领取证书,可不可以提供邮寄或者找人代领?

答:可以邮寄;可以找人代领,须出示考生本人及代领人两个人的身份证原件、准考证等信息。最好是本人带身份证到考点领取(双休日及法定节假日不办公)。

18. 证书丢失可以补办吗?

答:可向原发证单位申请补发。普通话水平测试等级证书是由省级语言文字工作部门发放的,应试人可向原考试地的普通话水平测试中心(站)提出补办申请,由测试中心(站)到省级语言文字工作部门补办证书,或者由测试中心(站)出具证明,应试人自己到省级语言文字工作部门补办。(但是过程比较烦琐,大部分测试站不给予补办,建议考生重新测试。)

19. 测试后如果急需证书该怎么办?

答:可以凭本人身份证到市级普通话测试中心来开测试成绩通知单,一定要本人带着自己的身份证原件才可以办理。